석세스 리딩

무일푼 청년을 억대 연봉 CEO로 만든 성공 독서법

석세스 리딩

가와기시 고지 지음
전소미 옮김

일러두기

1. 국내에 번역 출간된 책은 한국어판 제목으로 표기하였고, 미출간 도서는 원어를 병기하였다.
2. 국내에 번역 출간된 책의 본문 인용은 원서를 번역하여 실었다.

들어가며

당신의 하루 중 딱 1%만 저축하세요

하루의 1%는 과연 몇 분일까요? 간단하게 계산해 봅시다. 하루는 24시간입니다. 이 24시간을 분으로 바꾸면 1,440분입니다. 이 1,440분의 1%가 바로 15분입니다.

이 책은 하루 15분(1%)으로 인생을 바꾸는 독서법을 소개합니다. 15분은 무척이나 짧은 시간인 동시에 마법의 단위입니다. 매일 하루에 15분씩, 그러니까 1%씩만 지식을 저축하면 10년 후 압도적인 성과를 낼 수 있습니다. 그러면 앞으로 여러분의 인생이 편해집니다.

저는 4,000권이 넘는 책을 읽고 나서 독서가 주는 커다란 이득을 깨달았습니다. 더불어 독서법 관련 책만 100권 이상 읽으며 '독서 효율을 최대한으로 높이는 방법론'을 탐구했습니다. 독서 방법론을 만들어 직접 실천해 보고 개선한 끝에 이 책의 네 가지 독서법을 만들었습니다. 이 방법으로 중졸이라는 학력에 월수입도 겨우 14만 엔(약 140만 원)이던 저는 20대에 한 회사의 대표가 됐습니다. 지금은 부업으로만 월 100만 엔(약 1,000만 원) 이상의 수익을 올려 억대 연봉자가 되었습니다.

지금의 내 인생은 책으로 만들어졌다

고등학생이 된 지 겨우 반 년 만에 담임 선생님에게 자퇴서를 제출했습니다. 공부에 전혀 흥미가 생기지 않고, 교우 관계 역시 원만하지 못한 탓이었습니다. 스스로에게 "참 용기 있는 결단이었어."라며 칭찬하던 순간이 생생합니다.

열여섯 살이라는 어린 나이에 사회로 나온 저를 기다리던 것은 저학력과 무지(無知)라는 거대한 벽이었습니다. 당시의 저는 교양과 상식이 부족한 데다 성실하지도 않고, 엎친

데 덮친 격으로 극도의 귀차니스트였습니다. "이래서 중졸은……."이라며 무시하는 말을 대체 몇 번이나 들었는지 모릅니다. 이 말이 너무 듣기 싫어서 열일곱 살 무렵부터는 비즈니스 관련 책을 열심히 읽기 시작했습니다. 시작은 남들에게 뒤처지는 기분이 싫어서였지만, 차츰 스스로 놀랄 만큼 책의 세계에 빠져들었습니다. 일단 재미를 느끼자 독서량도 순식간에 늘어났습니다. 지금보다 단 1%만이라도 성장하고 싶다는 마음으로 손에서 책을 놓지 않았습니다.

그렇게 10년이 흐르자 4,000권 넘게 읽을 수 있었습니다. 독서 덕에 삶도 엄청나게 성장했습니다. 자연스럽게 조금이라도 편하게 지식을 얻을 방법이 없을까 궁리하게 되었습니다. 결국 독서법 관련 책만 100권 이상 읽고, 직접 실천해 본 뒤에 '반드시 성과가 나오는 독서법'을 완성했습니다.

이 책에는 제가 엄선한 독서 기술의 정수가 담겨 있습니다. 중졸에 잘하는 것 하나 없던 인생을 완전히 바꾼 독서법입니다. 그러므로 자신 있게 말할 수 있습니다.

"학교에서 마지못해 공부한 16년과 책으로 솔선수범하여 공부한 10년의 무게는 다르다. 책에는 사람을 바꾸는 힘이 있다."

이 책의 사용법

이 책은 꼭 처음부터 읽을 필요가 없습니다. 왜 독서가 필요한지 이해하고, 자유롭게 책장을 넘기면서 지금 나에게 필요한 부분을 찾으면 됩니다. 그런 곳을 찾았다면 집중하여 읽고 상기합시다.

재미로 읽든, 마음 내키는 대로 읽든, 처음부터 읽든 모두 독자 여러분의 자유입니다. 하지만 '독서 효율을 최대로 높이고' 싶은 사람은 지금 당장 이 책에서 소개하는 리딩 스킬을 실천해 보기 바랍니다.

① 목적을 정의한다.

왜 이 책을 읽는지 목적을 정의합니다. 원대한 목표부터 사소한 목표까지 모두 괜찮습니다.

'내일 아침 회의 시간에 쓸 발표 자료가 필요해서', '속독하는 방법을 알고 싶어서' 등 어떤 목적이든 상관없습니다.

② 차례를 보고 예측한다.

차례를 보며 목적에 맞는 내용을 찾습니다. 차례는 작

가나 편집자가 독자에게 책 전체의 모습을 보여 주기 위해 만든 '책의 지도' 같은 것입니다. 여러분이 원하는 내용을 가장 빨리 찾을 수 있습니다.

③ 목적에 맞게 스키밍(건너뛰며 읽기) **하자.**

목적에 맞는 부분을 펼쳐서 가볍게 스키밍 합시다. 이미 ①에서 목적을 정의했으므로 눈에 딱 들어오는 부분이 있을 것입니다.

④ 목적한 부분을 집중해서 읽는다.

눈에 들어오는 부분을 공들여 읽습니다. 작가의 주장이나 이유, 구체적으로 예를 파악하고 이해할 수 있을 때까지 집중해서 읽읍시다.

⑤ 바꾸어 말해 본다.

책을 읽은 후 반드시 '자신의 언어'로 바꾸어 말해 보세요. "요컨대, ○○라는 말이다"라고 설명할 수 있도록 한 문장으로 만들어 봅니다. 그러면 내용이 뇌리에 박혀 기억에 오래 남습니다.

⑥ 상기하고, 생각하고, 쉰다.

마지막으로는 눈을 감고 상기(머릿속에서 떠올리기)합니다. 그래야 뇌에서 중요한 지식으로 인식하고 장기 기억으로 남거든요. 이제 '내일 어떻게 써먹어 볼까?' 하고 생각하면서 쉽니다.

수고하셨습니다. 위에서 열거한 여섯 가지 항목이 제가 고안한, 짧은 시간에 가장 효율적인 독서법의 기본적 흐름입니다. 이 여섯 가지 동작을 하루 1%, 즉 15분 동안 따라 해 봅시다.

여러분에게 전하고 싶은 말

앞에서 말한 것처럼 이 책은 4,000권이 넘는 책을 읽고 깨달은 독서의 필요성과, 독서법 책만 100권 이상 읽고 고안한 독서 효율을 최대한으로 높이는 방법론이 실려 있습니다. 이뿐만 아니라 개인적으로 겪은 좌절과 인생 반등의 계기가 된 사건 등 경험담도 실었습니다. 평소 책을 멀리하는 사람도 부담 없이 재미있게 읽기를 바라는 마음에 더해, 다른 사람이 살아가면서 겪은 좌절을 알면 더 좋은 영향을 미치리라고 도 생각했습니다.

이 책은 총 3장으로 구성되어 있습니다. 각 장의 내용은 다음과 같습니다.

1장은 성공한 사람들이 왜 독서의 중요성을 강요하는지, 우리가 왜 독서를 해야 하는지, 독서를 함으로써 얻을 수 있는 이득은 무엇일지, 재미로 즐기기만 하는 독서에도 의미가 있는지 이야기해 봅니다.

2장에서는 10년 동안 꾸준히 책을 읽은 제가 가장 추천하는 '1% 독서법'을 포함하여, 인생에 특효약이 될 핵심 독서법 네 가지를 소개합니다. 귀차니스트도 쉽게 따라하면서, 동시에 꾸준히 할 수 있는 즐거운 독서법들이라고 자신합니다.

3장은 저처럼 학력도, 다른 내세울 만한 것도 없는 사람도 한 회사의 어엿한 대표로 만들어 준 아주 사소하지만 매우 효율성을 높이는 독서 기술을 소개합니다. 하나씩만 따라 해도 독서 효과를 대폭으로 높일 수 있습니다.

인생을 바꾸는 체험은 독서로부터 시작됩니다. 저와 함께 다음 페이지로 넘어가 볼까요?

차례

2장. 빠르게 읽고 바로 써먹는 독서력 향상 프로젝트

3+1 독서법

3장. 성공한 사람의 차이 나는 리딩 스킬

고효율 독서법

이제껏 당신이 하던 책 읽기는 틀렸다

독서의 쓸모

✦ ✦ ✦

성공한 사람들은 왜 독서를 하라고 할까?

제가 지난 1년간 읽은 책은 700권입니다. 이런 독서 습관을 들인 지 벌써 10년이 되었습니다. 가족 여행처럼 특별한 일이 없는 한, 최근 3년간은 하루에 두 권씩 꼬박꼬박 읽었습니다. 참고로 저는 비즈니스 책부터 소설, 전문 서적, 철학서까지 무엇이든 닥치는 대로 읽습니다.

왜 이렇게까지 다독을 할까요? 수없이 많은 실패와 도전을 경험한 사람들과 많이 만난 덕이자, 저 역시 성공과 좌절 모두를 경험해 보았기 때문이 아닐까 하고 감히 분석해 봅니다.

학력도 낮고 꿈도 없는 10대 시절을 보낸 탓인지, 저는 자수성가한 기업가들에게 관심이 많았습니다. 그런 사람들을 만날 때마다 순수한 호기심의 일환으로, 성공하려면 무엇을 해야 할지 물었습니다. 그들은 모두 책을 읽으라고 답했습니다. 어떤 책을 읽어야 하는지 물었을 때도 모두 비슷하게 답변했습니다.

"서점에 가서 눈에 띄는 책을 매일 한 권씩 읽으면 됩니다."
"읽다 보면 다음에 무슨 책을 읽으면 좋을지 깨닫게 돼요."
"더 이상 읽을 책이 없으면, 다시 서점에 가서 눈에 띄는 책을 읽으세요."
"그냥 눈에 띄는 책을 읽으면 됩니다."

성공한 사람의 조언은 하나같이 같았습니다. 선배 경영인들에게 이런 조언을 들었기 때문에 10년간 꾸준히 독서를 계속할 수 있었습니다. 진의를 따로 확인해 보지는 않았지만, 지금은 경험을 통해어렴풋히 알게 되었습니다. 책 속에는 무궁무진한 성공의 에너지가 담겨 있다는 사실을 말입니다. 선배 경영인들은 이 사실을 전해 주려 한 것이겠지요.

독서에 대한 편견이 독서를 어렵게 만든 것뿐이다

저는 2년 전 SNS를 시작하여, 지금 총 3개의 SNS에 글을 쓰고 있습니다. 최대 140자로 글을 올리고 댓글로 대화를 주고받을 수 있는 '트위터', 심사 통과율 1%인 음성 미디어 '보이시(일본의 음성 플랫폼으로, 심사를 통과한 사람만 운영할 수 있어 퀄리티가 높은 것으로 유명하다—옮긴이)', 주로 사진과 짧은 동영상을 올리는 '인스타그램'입니다.

이 SNS들에 독서의 이점, 책 읽으며 얻은 지식, 읽은 책에 관한 리뷰를 자유롭게 써서 올립니다. 현재 총 팔로워 수는 8만 명입니다. 적은 수는 아니지요. 그러다 보니 제 글을 읽는 사람들이 늘면서, '독서는 수단이지 목적이 아니다'라든가 '단순히 읽기만 해서는 책 읽는 의미가 없다' 같은 비판 섞인 의견도 상당수 받았습니다.

너무 단정적으로 느껴지는 의견이 너무나 많아 놀랐습니다. 아무리 생각해도 제 눈에는 좁은 상자 속에 갇힌 의견으로만 보였습니다. 저는 '독서가 목적일 수 있다', '단순히 읽기만 해도 독서에는 의미가 있다'라고 생각합니다.

읽는 것 자체가
목적이어도 괜찮다

친구와 게임과 독서에 관해 의견을 나눈 적이 있습니다. 친구는 "게임의 목적은 즐기는 것이며, 독서는 지식을 얻는 수단"이라고 주장했습니다. 친구의 주장은 SNS의 의견과 본질적으로 같습니다. 그렇다면 여기서 말하는 '수단'과 '목적'이란 무엇일까요?

- 수단이란 목적을 실현시키기 위한 방법을 가리킨다.
- 목적이란 최종으로 도달하려는 목표 지점을 의미한다.
- 게임은 즐기기 위해 만들어진 것으로, 게임하는 것 자체가 목적이다.
- 책은 지식을 얻기 위해 만들어진 것으로, 읽는 것 자체는 수단에 불과하다.

수단과 목적(목적지)이라는 관점에서 보자면 친구의 말에도 분명 일리는 있습니다. 그런데 A라는 사람이 이렇게 행동한다면 어떨까요?

- 게임을 좋아하지 않지만 친구와 공통 화제를 만들기 위해 접속한다.
- 소설의 뒷이야기가 궁금해 오늘은 얼른 집에 가서 자기 전까지 책을 읽으려 한다.

A에게 게임은 친구와 화제를 만들기 위한 수단이지만, 소설 읽기는 그 자체가 오락이며 목적입니다. 이렇듯 사람에 따라 수단과 목적이 다를 수 있습니다. 독서는 수단일 뿐이지 목적이 아니라는 말이 얼마나 이상한 말인지 이제 이해가 될까요?

'의미'에 관해서도 생각해 봅시다. 여기서 말하는 의미란 '가치가 있는가', '중요한가, 아닌가'를 가리킵니다.

- 의미 있는 것이란 가치 있고 인생에서 중요한 것을 가리킨다.
- 의미 없는 것이란 중요도가 낮고 인생에 크게 영향을 미치지 않는 것을 가리킨다.

SNS에 쏟아진 '그저 읽기만 해서는 독서하는 의미가 없다'라는 의견으로 돌아가 봅시다. 이 주장에 반론하는 대신 제가 실제로 독서하며 얻은 수많은 이점을 소개하려 합니다. 재미로 읽은 책이 저도 모르는 사이에 제 삶을 업그레이드해 주었습니다. 말 그대로 "읽기만 했을 뿐인데 인생이 바뀌었다"고 할 수 있습니다.

왜 지식과 도전이 밀접한 관계라는 걸까?

독서의 이득이라고 하면 가장 먼저 지식을 얻을 수 있다는 생각이 떠오릅니다.

책은 지식인이나 이미 성공한 사람들이 깨달은 지식의 결정체입니다. 저자가 시간을 들여서 쌓아 올린 순도 높은 지식을 손쉽게 접할 수 있지요. 이런 의미에서 다음에 설명하는 네 가지 요건을 모두 갖춘 완벽한 지식의 매체는 책 외에 없다고 생각합니다.

- 한 분야의 지식이 체계화된다.
- 저자와 유사한 경험을 할 수 있다.
- 시대를 초월한 보편 지식을 배울 수 있다.
- 무지(無知)를 미지(未知)로 바꿀 수 있다.

혹시 "지식을 얻는다고 크게 달라지는 것이 있나요?"라고 의문을 표하는 사람이 있다면, 제가 일상에서 실감한 독서의 무궁무진한 에너지를 예로 들어 보겠습니다.

모르는 것이
곧 공포인 이유

미국의 철학자 랄프 왈도 에머슨(Ralph Waldo Emerson)은 "공포는 늘 무지에서 나온다. 지식은 공포의 해독제다"라고 말했습니다. 이 문장을 처음 읽었을 때는 '무지가 공포라고?' 하며 고개를 갸우뚱했습니다. 추상적인 표현이라 그런지 한 번에 이해되지 않았기 때문입니다. 그런데 '공포의 정체'를 깨달은 후에는 이 문장을 잊을 수 없게 되었습니다.

여러분은 '두려움'이라는 단어를 곱씹어 본 적이 있나요? 저는 열일곱 살 때 두려움에 관해 진지하게 생각해 봤습니니다. 당시 심하게 두려움을 느낀 경험이 네 번이나 있기 때문입니다. 두려움이란 어떤 대상을 무서워하여 불안한 마음을 가리킵니다. 우리는 때때로 까닭 없는 공포심에 휩싸이기도 합니다. 앞이 보이지 않아 멈춰 서 있거나, 무엇을 해야 좋을지 몰라 불안한 상태입니다.

개인적으로 가장 처음 두려움을 느꼈던 기억은 '장기 클럽'에 가는 것이었습니다. 당시에는 인터넷 장기에 푹 빠져 있었는데, 어느 정도 실력이 생기자 '직접 대국하고 싶다'는 생각이 들었습니다. 그래서 근방에 있는 장기 클럽을 검색해 보았지만, 실제로 그 클럽에 가지는 못했습니다. 어떤 옷을 입고 가야 좋을지, 그곳에서 어떻게 행동해야 하는지 아예 몰랐기 때문입니다.

두 번째로 두려웠던 기억은 직장인 친구의 초대를 받아 술집에 가는 것이었습니다. 열일곱은 미성년이기에 가도 되는지, 간다고 해도 거기서 어떻게 행동하면 좋을지 몰라 불안했습니다.

세 번째는 잡지에서 본 도쿄미술관에 가는 것이었습니다. 입장권은 어디에서 사는지, 10대가 혼자 가도 괜찮은 장소인지 몰라서 불안했습니다. 완벽주의자에 자존심까지 강한 저는 모르는 것에서 오는 불안을 견딜 수 없었습니다.

마지막은 창업 제안을 받았을 때입니다. 제 인생이 반등하게 된 계기지요. 당시 저는 열여섯 살부터 일하던 타일 가게를 그만두고 귀금속 관련 영업 사원으로 막 이직한 참이었습니다. 그런데 영업 사원으로서 무엇보다 중요한, 다른 사람과 대화하는 능력이 영 젬병이었습니다. 소통 능력이나 영업 기술, 심리학 등 일에 써먹을 수 있을 법한 책을 닥치는 대로 읽으며 매일 필사적으로 공부했습니다.

그러던 어느 날, 당시 신세 지던 선배에게 "우리 같이 창업해 보자."는 제안을 받았습니다. 영업 사원으로 일하던 귀금속과 관련된 사업이었습니다. 방문하거나 점포에서 매입한 귀금속을 녹여서 다시 디자인한 뒤 판매할 계획이라고 했습니다. 무척 고마운 제안이었고, 한편으로 감동도 느꼈습니다.

그러나 처음 그 제안을 들었을 때 가장 먼저 느낀 것은 모르는 일에 필연적으로 따라오는 두려움이었습니다. 그래서 선배의 제안에 선뜻 응할 수 없었습니다. 앞으로도 안심할 수 있는 안전한 길을 걸을 것인지, 공포를 극복하고 새로운 길을 개척할 것인지 무척 갈등했습니다. 그때 고민을 알아챈 선배는 이렇게 말했습니다.

"무서우니까 도전하지 못하는 거야. 왜 무섭냐 하면, 모르기 때문이지. 그러니까 지금 무엇을 모르는지 일단 종이에 써 봐."

저는 선배 말대로 공포의 상징 같은 '모르는 것'을 하나씩 종이에 적어 내려갔습니다. 그때 알았습니다. 공포를 하나씩 적어서 형상화하면 해결 방법도 찾을 수 있다는 것을 말입니다. 무엇을 모르는지 제대로 알면 공포가 줄고, 도전에 대한 심리적 문턱도 낮아집니다.

열일곱 살의 저는 이 방법으로 창업에 대한 공포를 하나씩 극복하고, 낮아진 마음의 문턱을 넘어 마침내 독립하겠다는 결단을 내릴 수 있었습니다. 그 후, 선배와 저를 포함한 동료 넷이 의기투합하여 회사를 차렸습니다. 처음으로 '두려움'을 극복한 순간이었습니다.

지식은 공포를 극복하는 해독제이다

두려움이라는 감정을 극복한 후에 한 가지 깨달은 사실이 있습니다. 바로, 공포를 극복하려면 '지식'이 필요하다는 사실입니다. 새로운 것에 도전하려 할 때 많은 사람이 "용기 내", "잘될 거야", "한번 시도해 봐"라고 말하며 등을 떠밀어 줍니다. 남들이 등을 밀어주는 만큼 앞으로 쭉쭉 나아갈 수 있다면 얼마나 편할까요? 물론 응원은 고맙지만, 근본적인 문제를 해결해 주지는 못합니다.

열일곱 살의 저는 두려움 때문에 장기 클럽에 가지 못했지만, 한 번도 가본 적 없는 편의점에는 망설임 없이 들어갔습니다. 미술관에는 가지 못했지만 영화관에는 갈 수 있었지요. 양자의 공통점은 '아느냐, 모르느냐'의 차이입니다. 저를 포함해 많은 사람이 아는 것에는 공포를 느끼지 않습니다. 대부분 모르는 것에 공포를 느끼지요. 지식이 생겨 모르는 것이 줄어들면 두려움이 사라지고, 두려움이 사라지면 주저 없이 행동으로 옮길 수 있습니다.

에머슨의 "공포는 늘 무지에서 나온다. 지식은 공포의 해독제다"라는 말을 일상에 비추어 생각해 보면, 지식이 생김으로써 삶에 어떤 이득이 생기는지 알 수 있을 것입니다.

지식의 네 가지 종류

공포를 극복하기 위해 책에서 지식을 얻어야 하는 이유는 무엇일까요? 지식에도 종류가 있기 때문입니다. 총 네 가지 '기지, 미지, 무지, 부지'로 나눌 수 있습니다.

이 지식의 종류를 알면 인터넷에서 간단히 정보를 얻을 수 있는 오늘날에도 왜 독서를 권하는 사람이 많은지 이해할 수 있습니다. 하나씩 간단히 설명해 보겠습니다.

첫째는 기지(既知)입니다. 기지란 '이미 알고 있는 상태'를 가리킵니다. 예를 들면, 끼니를 거르면 배고프다는 사실은 누구나 알고 있습니다. 이것이 기지입니다.

두 번째는 미지(未知)입니다. 미지는 '본인이 모른다는 것을 인식한 상태'입니다. 끼니를 거르면 배고파진다는 사실을 아는 것은 기지입니다. 그런데 다이어트를 위해 일주일간 단식하려 할 때는 과연 얼마나 배가 고플까요? 대부분 배고플 것이라는 사실은 알아도, 얼마나 힘들지는 모를 것입니다. 이것이 미지입니다. 일생에 한 번이라도 단식을 해 보게 되면 미지가 기지로 변합니다.

세 번째는 무지(無知)입니다. 무지는 '지식이 없는 상태'를 말합니다. 인지 과학자 필립 페른백(Philip Fernbach)과 스티븐 슬로먼(Steven Sloman)이 공동으로 쓴 《지식의 착각》에는 '누구나 패스너(fastener, 흔히 지퍼라고 알려진 물건의 진짜 이름—옮긴이)의 구조를 안다고 말하지만, 막상 설명해 보라고 하면 대부분 대답하지 못한다'는 이야기를 소개합니다.

이렇듯 '인식은 하되 왜 그런지 설명하지 못하는' 상태가 무지입니다. 찾아보면 바로 알 수 있는데 알아보지 않는 태만한 상태라고도 할 수 있습니다. 만약 일할 때도 이런 상태라면 어떨까요? 'A로 하면 높은 확률로 실패한다'는 사실을 알지만 이유를 설명하지 못하는 사람은, B라는 방법으로 일해도 실패할 가능성이 높습니다.

마지막은 부지(不知)입니다. 부지란 '자신이 모른다는 것조차 인지하지 못하는 상태'입니다. 직업과 인생에 비추어 볼까요? 저는 비즈니스 책을 읽고 SNS로 돈을 벌 수 있다는 것을 알게 된 뒤, 지금과 같은 방식으로 일하기로 마음먹었습니다.

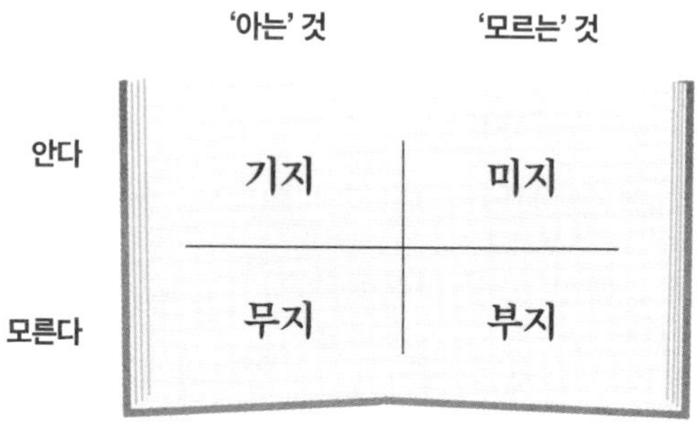

	'아는' 것	'모르는' 것
안다	기지	미지
모른다	무지	부지

만약 책을 읽지 않았더라면 이런 방법을 모른 채 정년까지 회사라는 조직에 매여 있었을 것입니다. 이처럼 부지가 줄면 일상의 작은 곳에서부터 선택의 폭이 넓어집니다.

기지, 미지, 무지, 부지의 비율은 여러분이 어떻게 하느냐에 따라 달라집니다. 부지인 지식이 무지와 미지로 발전할 수 있습니다. 무지와 미지인 지식은 실행과 조사를 거쳐 기지로 변합니다. 기지인 지식도 더 쌓으면 속이 꽉 찬 기지가 되겠지요.

오늘 서점이나 도서관에 가서 눈에 띄는 책 한 권만 읽어 보세요. 자신이 얼마나 부지한지 알 수 있습니다. 그러나 우수한 사람들의 식견이 담긴 책을 읽으면 부지가 미지와 무지가 되고, 이것들이 기지로 업데이트됩니다.

지식이 체계화된 책은 네 종류의 지식을 발전시키는 최고의 수단입니다.

우리가 미처 몰랐던
인터넷 검색에 숨은 함정

지식 습득만이 목적이라면 굳이 책을 읽을 필요 없이 인터넷으로 검색하면 된다는 의견도 있습니다. 그러나 이는 큰 착각입니다. "인터넷에 검색하면 해결된다"고 말하는 사람들은 두 가지 사실을 간과하고 있습니다. 첫째는 지식은 넓고 깊다는 것이며, 둘째는 지식의 일부라도 알아야 검색할 수 있다는 사실입니다.

1. 지식은 넓고 깊다

인터넷 검색 시스템은 매우 합리적입니다. 알고 싶은 정보를 확실히 집중하여 선택할 수 있습니다. 원하는 정보를, 원하는 시간에, 원하는 만큼 모을 수 있지요. 하지만 확실히 집중하여 선택할 수 있다는 사실에는 커다란 약점이 숨어 있습니다. 지식의 넓이와 깊이를 오해하게 만든다는 점이지요.

《문제해결 대전》의 작가 책읽는원숭이(도쿠쇼자루)는 "인터넷에 검색하면 알고 싶은 정보를 얻을 수 있는 시대에 지식을 습득하는 것의 의의가 무엇이라고 생각합니까?"라는 질문에 이렇게 대답했습니다.

> '인터넷에 검색하면 알고 싶은 정보를 얻을 수 있다'고 순진하게 믿는 사람은 지식이라는 바다의 깊이와 넓이를 모른다는 생각이 듭니다. 솔직히 말해서, 한 권이라도 제대로 된 책을 읽은 사람은 그 책이 검색 엔진에서 수집한 정보

로만 만들어졌다고 믿지 않을 테니까요.

《중앙공론(中央公論)》 2021년 8월호

이 의견에 저도 깊이 공감합니다. 책에는 단 하나의 주제와 연구 결과, 저자의 견해, 전문가의 의견 같은 정보가 질릴 정도로 총망라되어 있습니다. 반대로 인터넷 기사는 알고 싶은 정보를 확실하게 알려 주기 위해 간결하고 집약적으로 정리되어 있지요. 책이 지식을 총망라해 놓았다면, 인터넷은 집약해 놨다고 볼 수 있습니다.

인터넷 검색으로 정보를 바로 알 수 있는 것은 분명하지만, 집약된 인터넷 기사는 지식을 얕고 좁게 인지시킨다는 단점도 있습니다. 기본적으로 책과 인터넷 기사는 완전히 별개입니다.

2. 지식을 알지 못하면 검색도 불가능하다

인터넷에서 정보를 얻으려 할 때 가장 큰 문제는 '알고 있는 지식'만 검색할 수 있다는 점입니다. 앞에서 소개한 기지, 미지, 무지, 부지 중에서 특히 부지는 검색 엔진에 아예 검색어를 입력할 수도 없습니다. 검색 엔진에서 적절한 정보를 구하는 검색 능력도 지식량에 비례하기 때문이지요. 부지가 많으면 검색도 할 수 없습니다. 당연히 일상적으로 독서하는 사람이 유리할 수밖에 없습니다.

단지 모를 뿐인데 손해를 입게 된다

제가 아끼는 말 중에 '무지의 지'가 있습니다. 고대 그리스 철학자 소크라테스의 기본 사상으로 "내가 모른다는 것을 안다"는 의미입니다. 다시 말해, 지식의 바다가 깊다는 사실을 이해하고 내가 모르는 것이 많다는 것을 자각한 상태라 할 수 있습니다. 예를 들어, '독서가 중에는 겸허한 사람이 많다'는 통설이 있습니다. 그들이 겸허한 이유 중에는 '무지의 지'도 빼먹을 수 없을 것입니다.

제가 '무지의 지'를 실감한 것은 책을 막 읽기 시작한 열일곱 살 때였습니다. 독서할수록 지식의 깊이와 넓이를 깨달으며 그동안 제가 '모른다는 것을 인지하지 못했다'는 사실도 깨달았습니다. 특히 '확증 편향'에 대해 알고 나서는 큰 충격을 받았습니다.

저는 어릴 때부터 의견 나누기를 좋아했습니다. 늘 인터넷에서 저의 주장을 뒷받침할 증거를 찾아 모아 뒀습니다. 언제든 상대의 주장을 논리적으로 반박하기 위해서였지요. 어떤 문제에 있어 제가 결론 A, 친구가 결론 B를 주장한다고 칩시다. 그러면 저는 제 주장을 뒷받침하는 자료만 인정하고, 친구의 주장을 뒷받침하는 자료는 신빙성이 없다며 못 본 체했습니다. 친구도 별반 다르지 않았지요. 그래서 논의는 늘 평행선을 달렸습니다. 그때 확증 편향에 대해 안 것입니다.

확증 편향이란 자기에게 유리한 정보만 인정하고, 불리한 정보는 무시하는 경향을 말합니다. 효율을 좋아하는 인간의 뇌가 수많은 편견을 작동시켜 우리의 사고를 유도하는 것입니다. 확증 편향을 안 뒤, 저와 친구의 논쟁은 의미 있는 의견 교환으로 바뀌었습니다.

세상에는 많은 제도와 지식이 있고 사람 수만큼 많은 생각이 존재합니다. 정답은 하나가 아니며, 내가 모르는 것도 상상 이상으로 많았습니다. 이렇게 '무지의 지'를 자각하고 나니, 남을 부정하거나 비판하는 것이 얼마나 어리석고 무서운 행위인지 알겠더군요. 겸허해질 수밖에 없었습니다. 독서가 중 겸허한 사람이 많은 이유는 '무지의 지' 덕분입니다. 이것이 독서의 가장 큰 장점이 아닐까요?

매일의 독서가 차이를 만든다

일본의 사회인이 학습에 쓰는 시간은 하루 평균 6분이라는 데이터가 있습니다('2016년 사회생활기본조사결과' 총무성 통계국). 그래서 하루 단 15분이라도 매일 습관처럼 책을 읽으면 평균보다 두 배 많은 시간을 공부에 쓸 수 있습니다.

지식을 쌓으면 공포가 줄고 행동력이 생깁니다. 부지가 줄어들고 검색 능력이 좋아집니다. 지식의 깊이와 넓이를 알게 되면 겸허해집니다. 독서를 통한 지식의 습득으로 우리는 인생과 인격을 성장시킬 수 있습니다.

상상력과 공감력을 높이는 가장 쉬운 방법

독서를 하면 얻을 수 있는 두 번째 이득은 상상력과 공감력의 향상입니다. 글은 상상의 세계입니다. 이미지도 없고, 소리도 들리지 않습니다. 냄새도 나지 않습니다. 글로만 표현되기에 언뜻 보기에는 제한이 많은 따분한 세계로 보이지만, 그래서 더욱 자유롭게 상상의 세계를 펼칠 수 있습니다.

멘탈리스트 다이고의 《끌리는 문장은 따로 있다》에는 "여러분이 생각하는 세계 최고의 미녀는 누구입니까?"라는 질문이 등장합니다. 이 한 줄을 읽으면 생각나는 사람은 달라도 누구나 '내 생각에 절대적인 미녀'를 떠올릴 것입니다. 미녀라는 말에 반응하여 세계 최고의 얼굴을 상상하는 것입니다. 어떤 문장을 보면 인간은 상상하기 시작합니다. 이것이 바로 글이 가진 힘입니다. 이 책에서는 알기 쉽게 미녀라고 표현했지만, 경치와 감동을 표현하는 소리, 기온과 습도 등 상상의 나래를 펼쳐 온갖 것을 머릿속에서 그려 낼 수 있습니다. 글이 만드는 상상의 세계는 생각하면 할수록 더 재미있게 퍼져 나갑니다.

책을 읽으면
글을 이해하는 뇌로 바뀐다

'글이 만드는 상상의 확산'을 설명하기 전, 뇌가 언어를 이해하는 구조부터 설명하겠습니다. 여기에서는 도쿄대학교 교수 사카이 구니요시가 쓴 《뇌를 만드는 독서(脳を創る読書)》의 내용을 제 나름대로 해석하여 설명하겠습니다.

우선 양쪽 눈으로 글자를 보면 시신경에서 뇌의 '시각야'라는 곳으로 정보가 들어옵니다. 이 시각야가 눈으로 본 것을 뇌 안에서 재현합니다. 이 시각야를 거쳐 '청각야'로 정보가 이동하는데, 이때 글자는 머릿속에서 '음원'으로 변환됩니다.

뇌 안에서 글자가 소리로 변환되는 느낌입니다.

음원으로 변환된 정보를 토대로, 막대한 양의 기억을 뒤져 단어와 '은, 는, 이, 가' 등의 조사, '그러나, 또' 같은 접속사를 포함한 문법 요소를 찾아냅니다. 소리를 장식하는 느낌입니다. 마지막으로 '언어야'라 불리는 곳으로 정보가 도착하면 '읽는' 행위가 언어와 결합해 우리가 아는 '문장'으로 이해됩니다. 흐름을 정리해 봅시다.

① 글자를 인식한다(본다).

② 시신경에서 뇌의 시각야로 전송된다.

③ 문자 정보는 청각야에서 음원으로 변환된다.

④ 음원을 듣고 기억 속에서 문법 요소를 검색한다.

⑤ 언어야에 전송되어 문장이 된다.

이런 복잡한 흐름을 거쳐야 문장을 이해할 수 있는 것입니다. 음성과 영상도 같은 흐름을 거칩니다. 음성의 경우는 시각야가 아니라 청각야가 입구인데, 입구만 다를 뿐 목적지는 같습니다. 청각야에 보내진 정보는 언어야에서 만납니다. 그 뒤, 문장으로써 언어를 이해합니다.

책을 읽으면
상상력의 세계가 더 커진다

문장과 음성, 영상은 최종적으로 언어야에 '문장'으로 인식되지만, 입구에서 들어오는 정보량에는 차이가 있습니다. 지식을 글로만 집어넣는 독서를 0이라고 치면, 음성은 거기에 낭독자의 미세한 높낮이나 뉘앙스가 내포되어 있습니다. 영상에는 더 많은 시각, 청각 정보가 더해집니다. 요컨대, 책은 가장 단순하면서 최초에 주어지는 정보량이 적은 미디어입니다.

상상력에 관한 이야기로 돌아가 봅시다. 책처럼 장식이 적은 미디어는 뇌가 상상으로 부족한 부분을 보완하려 합니다. 예를 들어 영상으로는 붉게 물든 저녁놀과 초목의 흔들림, 지평선 저편의 풍경을 전달할 수 있습니다. 음성으로는 바람 소리나 나뭇잎이 스치는 소리를 전할 수 있지요. 그런데 문장으로는 그런 풍경을 일일이 묘사할 수 없습니다. 그래서 독자의 머릿속에서 풍경을 상상하고 보완하는 작업이 이루어집니다.

사카이 교수는 "읽는 행위는 단순히 시각적으로 글을 뇌에 집어넣는 것이 아니라, 부족한 정보를 상상력으로 보완하고 애매한 부분을 해결하면서 '자기 언어'로 바꿔 가는 과정이다"라고 설명합니다.

수동적으로 이해하는 영상과 능동적으로 상상하는 독서를 비교하면 머리가 쓰이는 방식이 전혀 다르다는 점을 깨달을 수 있습니다. 책을 읽으면, 부족한 정보를 상상력으로 보충하고 애매한 부분을 '자기 자신의 언어'로 바꾸는 과정을 거칩니다. 어떻게 보면 정보량이 적어서 만들 수 있는 가장 자유로운 세계라 할 수 있겠지요. 독서가 주는 은혜의 하나는 '상상력의 향상'입니다.

책을 읽으면
상대방의 감정에 잘 공감하게 된다

책을 읽으면 상상력은 물론 공감력도 기를 수 있습니다. 공감력이란 '상대가 느끼는 감정(희로애락)을 정확히 포착하고, 같은 감정을 체감하는 힘'을 가리킵니다. 비슷한 말로 '협조'가 있습니다.

- 공감이란 자신의 경험을 토대로 상대의 기분을 이해하고 다가가려는 것
- 협조란 자신의 의지를 버리고 상대에게 동조하는 것

비슷하게도 느껴지지만, 사실 둘의 의미는 아주 다릅니다. 상대방의 고통을 이해하고 다가설 수 있으며 함께 기뻐하며 웃을 수 있는 사람은 공감력이 높은 사람이라고 할 수 있습니다. 사회를 살아가는데 매우 중요한 공감력을 높이는 데는 소설(픽션)이 좋습니다.

심리학자 레이먼드 마(Raymond Mar)와 토론토대학교의 인지 심리학 명예 교수 키스 오틀리(Keith Oatley)가 한 조사에 따르면 "소설을 자주, 많이 읽는 것과 공감 능력에는 상관관계가 있다"고 합니다.

소설을 읽으면 과거에 겪은 일들이 떠오릅니다. 과거의 기억이나 체험을 포개어 이야기를 이해하기 때문입니다. 저도 비슷한 경험이 있습니다. 비즈니스 책과 함께 소설을 많이 읽던 20대 시절, 등장인물의 생각과 감정의 부침을 차츰 제 일처럼 느끼게 됐습니다.

부모님은 제가 세 살 때 이혼했습니다. 네 살 때는 어머니가 교통사고로 세상을 떠났습니다. 생활은 단숨에 달라졌습니다. 부모님이 곁을 떠나자, 아직 어린 여동생과 저는 외할머니가 맡아 키웠습니다. 운송 회사 경영자인 외할머니는 부유한 편이었습니다. 책을 사고 싶다고 말하면 초등학교 2학년이던 제 손에 10만 원(1만 엔)짜리 지폐를 쥐어 주었지요.

당시 외할머니는 운송 회사 직원인 할아버지와 살고 있었습니다. 우리 집 가족 구성원은 외할머니, 여동생, 나, 그리고 직원 할아버지였습니다.

할아버지는 외할머니 또래인 40대 후반으로 아주 좋은 사람이었습니다. 나와 여동생을 친자식처럼 길러 주었지요. 아침마다 뜨끈한 밥을 지어 먹이고 쉬는 날에는 유원지나 공원, 수족관과 동물원 등을 데리고 다녔던 것을 지금도 기억합니다. 아주 행복한 시절이었습니다.

그러다 열네 살에 외할머니의 운송 회사가 도산했습니다. 생활은 다시 한번 크게 바뀌었습니다. 당시에는 드물었던 3층짜리 주택을 팔고, 조그만 연립으로 이사했습니다. 생활 보호 대상자 조건을 채우기 위해 혈연도 혼인 관계도 아닌 할아버지와는 떨어져 살게 됐습니다. 생활 보호 대상자가 되고 나서야 마음에 든다고 덥석 사는 것이 얼마나 '분에 넘치는 일'인지 알았습니다.

운송 회사 직원이었던 할아버지는 회사가 도산하자 바로 실업자가 됐습니다. 할아버지는 60대라는 나이가 믿기지 않을 정도로 몸이 다부지고 힘센 사람이었지만, 예순을 넘긴 나이에 다시 취직하기란 쉽지 않았습니다. 직장을 구해도 네 명을 부양하기는 무리였고요. 당시 한창 사춘기였던 저는 친구와 노는 데 정신이 팔려 할아버지와 따로 살든 말든 별로 개의치 않았습니다. 할아버지가 고민하는 모습을 보면서도 말이지요.

할아버지는 우리와 따로 산 지 1년쯤 지나자 믿기 어려울 정도로 쇠약해져 제가 중학교 3학년인 열다섯 살 때 암으로 세상을 떠났습니다. 당시 심경은 '무슨 일이 일어났는지 실감이 안 난다'는 것이었습니다. 10년을 한 지붕 아래 살면서 그렇게 예뻐해 줬는데도 눈물 한 방울 나오지 않았습니다. 그때는 스스로가 냉혈한처럼 느껴졌습니다.

자신이 냉혈한이 아니라는 것은 소설을 읽기 시작하면서 알게 되었습니다. 소설은 프로 작가가 등장인물의 심리 상태를 글로 적확하게 표현합니다. 눈물이 터져 나올 것 같은 슬픔, 강한 분노, 하늘을 날 것 같은 기쁨…. 그런 감정을 글로 바꿔 줍니다. 그 글을 보고 독자는 등장인물의 심정을 자신의 체험과 연결시키고 이해하면서 이야기 속에서 일어나는 일들을 유사하게 체험합니다.

레스터대학교 연구에서도 뇌가 소설을 읽을 때 '자기가 체험할 때와 동일한 반응'을 보인다는 결과가 나왔습니다. 등장인물의 심정을 자신에게 대입하여 이해하다 보니, 이야기 속에서 일어나는 일을 자기 자신의 경험인 양 느끼는 것이 아닐까요?

저는 소설을 읽고, 할아버지가 돌아가셨을 때 눈물이 나지 않은 이유를 알았습니다. 죽음의 의미를 이해하지 못한 것입니다. 당시 저는 '죽음'이 안겨 주는, 두 번 다시 만날 수 없다는 참담한 고통과 말로 표현할 수 없는 공포의 감정을 알지 못했습니다.

이러한 체험 덕에 '인간은 어떤 순간에 무슨 감정이 일어나는지 소설에서 배운다'는 사실을 알았습니다. 소설에서 온갖 입장이나 환경에 처한 등장인물의 시점에서 유사 체험을 함으로써 공감력을 기를 수 있는 것입니다. 요컨대, 우리는 소설을 읽음으로써 얻은 정보를 과거의 체험과 결부시켜 새로운 시점을 얻고, 타자를 받아들여 공감력이 높은 사람이 되는 것입니다.

상상력과 공감력은 인생의 강력한 지원군이다

'부족한 것을 생각하고 보완하려는 상상력'과 '상대의 마음을 이해하는 공감력'을 기르면 어떤 좋은 일이 생길까요? 세 가지 장점을 소개합니다.

1. 소통 실력이 늘어난다

공사 구분 없이, 입장이나 경우에 따라 보이는 세계가 완전히 다를 수 있습니다. 그런 상대와도 원만하게 소통하려면 짧은 단어나 표정만으로도 상대의 기분을 이해하는 것이 중요합니다. 상상력과 공감력이 생기면 상대의 눈높이에 맞춰 대화할 수 있습니다.

2. 위기 관리를 잘한다

상상력이 있으면 위험 요소와 보상을 예측할 수 있어 위기 관리를 잘합니다. 실제로 문제가 발생한 순간을 상상할 수 있으면, 이를 막기 위해 지금 무엇이 필요하고 무엇이 필요치 않은지 정확히 판단할 수 있습니다.

제 친구 중에 20대 부동산 회사 경영자 있습니다. 타고난 독서가이자 여러 사업에 도전하는 기업가인 그는 "사업할 때는 반드시 실패할 가능성과 철수의 마지노선을 처음부터 정해 놓고 시작한다"고 말합니다.

상상력이 풍부한 사람은 크게 실패하지 않습니다. 실패를 전제로, 리스크를 최소화 할 방법을 찾으니까요. 그런 의미에서 상상력은 '미래에 펼쳐질 풍경을 밀도 있게 재현하는 능력'이라고도 할 수 있을 것입니다.

3. 화를 잘 내지 않는다

도내에 미팅이 있어 20대 초반의 부하 직원이 운전하는 차의 조수석에 탔습니다. 중앙 분리대가 없는 일방통행 도로를 50킬로미터 속도로 달리는데, 뒤에서 맹렬한 기세로 달려오는 차가 있었습니다. 차 간 거리가 좁혀지며 그 차가 2미터쯤 뒤로 바짝 붙었습니다. 불안해하는 부하 직원에게는 "신경 쓰지 말고 늘 하던 대로 운전하라"고 주문했습니다. 뒤에서 달려오던 그 차는 기어코 반대 차선을 달려 우리를 추월했습니다. 운전석에는 30~40대로 보이는 여성이 앉아 있었습니다.

이럴 때 공감력이 없으면 "위험하잖아!" 하고 상대방에게 버럭 소리칠 수도 있습니다. 하지만 위험하게 운전한 이유가 무엇일까 상상해 보면 '혹시 아이에게 무슨 일이 생긴 것은 아닐까? 아니면 또 다른 급한 문제가 생긴 것일까?' 등 수많은 가능성을 떠올리게 됩니다. 이러다 보면 분노를 가라앉힐 수 있습니다. 비록 상상한 이유일 확률이 낮더라도요.

무슨 일이 일어나든 '혹시……' 하고 상상하는 버릇을 들이면 상대방의 사정이나 의견을 듣지도 않고 벌컥 화내는 습관이 사라집니다. 회사나 집에서 대화 나눌 때도 멋대로 단정해 얼굴을 붉히는 일이 줄어듭니다. 먼저 상대 이야기를 듣고 전체를 본 뒤에 판단하는 냉정함을 갖추게 되지요. 상상력과 공감력은 이처럼 사람을 부드럽게 만들어 주는 마법의 능력입니다.

책을 읽으면 스트레스에 강해지는 이유

독서의 세 번째 이득은 스트레스를 줄인다는 것입니다. 저는 책을 읽기 시작한 뒤부터 스트레스에 시달리지 않고 하루하루를 살게 됐습니다.

"독서하면 스트레스가 줄어든다"는 말에 고개를 갸우뚱하는 사람이 많을 것입니다. 하지만 독서는 확실히 스트레스에 시달리지 않는 나날을 만들어 줍니다.

우리는 언제 스트레스를 느낄까요? 아마 '스스로 통제하지 못하는 상황'에 스트레스를 받는 게 아닐까요?

- 눈앞에 놓인 일을 하고 싶지 않지만 해야 할 때
- 모르는 것을 생각해야 할 때
- 아이가 말을 듣지 않을 때
- 부하 직원이 가르쳐 준 일을 잘하지 못할 때
- 악의 있는 사람이 여러분을 방해할 때

이렇게 스스로 통제하지 못하는 상황이 해결 방법을 아는 상황으로 바뀌면 어떨까요? 해결 방법을 아는 상황이란 자신이 하기에 따라 얼마든지 통제할 수 있는 상태라고 할 수 있습니다. 통제하고 조절할 수 있으면 스트레스와 거리가 멀어집니다.

일상의 문제를 스스로 해결하게 된다

사회 초년생일 때는 마음에 들지 않는 일이 생기면 바로 버럭 화를 냈습니다. 그로부터 10년이 지난 지금은 그때 왜 금세 버럭 화를 냈는지 알고 있습니다. 내 힘으로는 컨트롤할 수 없는 일들이 넘쳐 났기 때문입니다. 사회인으로서 모르는 것이 너무 많아서 일상이 버겁고, 어렵게 느껴졌습니다. 그런 상태가 오래 지속되면 인간은 '시야 협착' 상태에 빠집니다. 마음의 시야도, 보이는 세계도 좁아져서 여유가 없는 상태 말입니다. 여유가 없어지면, 컵에서 물이 넘치는 듯 감정 조절 장치가 말을 듣지 않습니다.

- 큰 고민이 있으면 농담을 들어도 짜증이 난다.
- 집중해서 작업하는데, 아이가 자꾸 말을 걸어 화가 난다.

여러분도 이런 경험이 있겠지요? 당시는 컵에 가득 찬 물이 언제 넘칠지 모르는 상태였습니다. 별것 아닌 일에도 쉽게 폭발했습니다. 여유가 없는 답답한 상태였기 때문입니다. 그런 저를 구해 준 것이 독서입니다. 당시 편의점에서 우연히 펼친 책에는 "어렵거나 버겁다고 느끼는 것은 간단하지만 잘 모르는 것이 두 가지 이상 겹치기 때문이다"라고 쓰여 있었습니다. 이 문장을 처음 읽었을 때의 충격을 지금도 잊지 못합니다.

'버겁다, 어렵다'는 것은 사실 '모른다'는 뜻입니다. 앞에서 설명한 지식의 네 가지 종류 중 부지를 줄이면 모르는 것도 줄어듭니다. 문제가 생기더라도 대책을 알면 괜찮습니다. 불가능하다 싶은 것도 조절할 수 있게 바뀌니까요. 책을 읽고 하나하나 지식을 쌓으면 스트레스도 줄어든다는 사실을 깨달은 순간이었습니다.

스트레스를 직접적으로 완화해 준다

일상 문제를 해결하고, 근본적으로 스트레스로부터 해방되려면 지식의 축적이 필요합니다. 하지만 독서라는 행위 자체가 스트레스를 누그러트리는 효과도 있습니다. 영국 석세스대학교에서 '독서, 음악 감상, 커피, 산책, 게임'의 다섯 항목이 스트레스를 얼마나 해소하는지 조사하는 실험을 했습니다. 그 결과, 다섯 항목 중 독서가 스트레스 해소에 가장 효과 있다는 것이 밝혀졌습니다.

- 독서 : 스트레스가 68% 경감된다.
- 음악 감상 : 스트레스가 61% 경감된다.
- 커피 : 스트레스가 54% 경감된다.
- 산책 : 스트레스가 42% 경감된다.
- 게임 : 스트레스가 21% 경감된다.

특히 조용한 장소에서 독서하면 스트레스가 6분 만에 60% 넘게 줄어든다는 연구 결과도 있습니다. 이 연구는 독서의 놀라운 효과를 알려 준 유명한 연구입니다. 다만 조사 대상이 적어 신빙성이 낮다는 의견도 있으니 가볍게 참고만 하기 바랍니다.

멀티태스킹은 뇌세포의 죽음을 부른다

우리는 매일 분주하게 하루를 보냅니다. 늘 스마트폰을 들고 다니고, 틈 날 때마다 메시지를 확인합니다. SNS에 상시 접속해 있고, 때로는 밥 먹으면서 게임을 합니다. 상시 멀티태스킹 상태입니다. 뇌 과학 분야의 설명에 따르면, 멀티태스킹은 작업 효율 면에서 최악의 선택입니다. 뇌는 원래 멀티태스킹에 약하고 '본질적으로 멀티태스킹을 하지 못한다'고 하니까요.

멀티태스킹을 자세히 뜯어보면 'A, B, C'를 동시에 작업하는' 것이 아니라 실제로는 빠른 속도로 'A→(바꿔서)B→(바꿔서)C'로 작업하는 것입니다. 동시에 한다고 믿는 것뿐이지요. 이렇게 멀티태스킹을 계속하면 뇌가 손상되고 기능이 떨어져 뇌세포가 죽는다고 합니다.

영국 석세스대학교의 인지 과학 센터의 연구에 따르면 멀티태스킹 빈도가 높으면 뇌의 구조가 변하여 집중력이 저하되거나 우울증에 걸릴 가능성이 높다고 합니다.

매일의 스트레스가 하루도 빠짐없이 반복하는 멀티태스킹 때문이라는 사실을 모르는 사람이 많습니다. 멀티태스킹을 의도적으로 줄여 뇌 피로를 완화시키면 잃어버린 마음의 여유를 되찾을 수 있습니다.

그런데 멀티태스킹을 줄이라고 해도 무엇을 어떻게 해야 할지 구체적으로 딱 떠오르지 않지요? 그럼 "싱글태스킹을 늘려 보세요."라고 바꾸어 말하면 어떨까요? 눈앞에 있는 딱 한 가지 일에 집중하는 시간을 일부러 만들어 보는 것입니다. 싱글태스킹을 하면 스트레스가 줄고 집중력을 되찾을 수 있습니다.

가장 추천하는 방법은 독서입니다. 독서는 궁극의 싱글태스킹입니다. 독서할 때는 글에만 집중할 수밖에 없습니다. 다른 생각이나 일을 할 시간이 없지요. 독서하는 동안 여러분은 바꿀 수 없는 과거 일로 고민하거나 앞으로 일어날지 모르는 미래 일로 불안해할 틈이 없습니다. 의식이 글이 주는 정보와 이미지로만 향해 있을 테니까요.

독서를 통해 만나는 몰입의 힘

독서할 때 책의 세계에 빠졌었다고 느낀 적 없나요? 정신을 차려 보니 30분이나 1시간씩 훌쩍 지나 있어 마치 시간을 도둑맞은 듯한 그런 느낌 말이에요.

- 야구로 말하자면 '투수가 던진 공의 실밥이 보인' 순간
- 영화 감상으로 말하자면 '연기에 마음을 빼앗긴' 순간
- 일로 말하자면 '작업이 놀랄 만큼 잘되는' 순간

바로 '지금'에만 몰입한 상태입니다. 싱글태스킹을 할 때는 최대한 힘을 발휘해도 뇌가 한껏 이완된 상태입니다. 쓸데없이 부하가 걸리지 않아 집중력이 다한 순간, '진짜로 열심히 했다!'고 자신이 한 일에 만족합니다. 이러한 상태를 '마인드풀니스(mindfullness, 지금 이 순간을 느낀다)'라고 합니다. 지금에만 의식을 쏟아 몰입한 상태지요.

독서는 궁극의 싱글태스킹으로 마인드풀니스 상태를 만들 수 있는 좋은 방법입니다. 다만 독서 습관이 없는 사람은 마인드풀니스 상태가 되기 쉽지 않을 것입니다.

- 금세 싫증 난다.
- 책만 보면 졸린다.
- 글을 보면 피곤해진다.

많은 사람의 고민을 듣고 생각해 봤습니다. 바로 이어서 나올 독서 기법 편을 따라 마인드풀니스 상태를 만들고 싶을 때 주의해야 할 일곱 가지를 알아 봅시다.

독서 기법 1

마인드풀니스 상태를 만들 때 주의할 일곱 가지

1. 어려운 책은 피한다

몰두하고 싶을 때, 난해한 책을 읽으면 이해하기 급급해서 몰입하기 힘듭니다. 피로만 쌓이고, 집중은 하지 못하지요. 스트레스 해소가 목적이라면 난해한 책은 피합시다.

2. 새로운 분야의 책, 외래어가 많은 책은 피한다

초심자용이라도 새로운 분야의 책을 읽으면 의미를 알 수 없는 말이 제법 나옵니다. 또 '프라이오리티(priority)', '디스커션(discussion)' 등 외래어가 많은 책도 독자의 몰입을 방해합니다.

3. 좋아하는 장르의 책을 읽는다

제아무리 베스트셀러나 인기 있는 책, 서점 직원의 추천 도서라도 흥미가 안 생기면 읽을 수 없습니다. 저도 약간 난해한 문학 작품을 읽어야 '폼 난다'고 생각하던 시기가 있었는데, 그 무렵에는 독서에 거의 몰두하지 못했습니다. 세간의 인기를 좇거나 폼을 잡기보다는 좋아하는 분야를 읽으며 몰입하는 것이 무엇보다 중요합니다. 웹소설이나 연애 소설, 미스터리 소설, 자기 계발서, 역사물도 좋습니다. 좋아하는 분야의 책을 읽으세요.

4. 늘 여러 권을 가지고 다닌다

집중력이 흐트러지는 순간은 반드시 옵니다. 5분 뒤일 수도 있고, 10분 뒤일 수도 있습니다. 아무리 '지금'에 의식을 쏟으려 해도 오래가지 못할 때 있습니다. 그럴 때는 '오늘은 이 책을 읽을 기분이 아니야' 하고 미련 없이 다른 책을 고릅시다. 전에 읽은 책이어도 상관없습니다.

5. 작가를 보고 고른다

책을 읽을 때는 좋아하는 작가의 책을 고릅시다. 문체나 문장의 리듬을 알고 있어 처음 읽어도 바로 몰입할 수 있습니다.

6. 집중할 수 있는 장소를 고른다

잡음이 들리면 의식이 흐트러져 몰입 상태가 깨지기 쉽습니다. 평소와 다른 곳에서 책을 읽는 것도 자극이 많아 적합하지 않습니다. 장소도 한 세트라 생각하고 환경을 정비한 뒤에 책을 읽으세요. 추천하는 곳은 여러분의 방이나 전철 안입니다. 듣기 좋고 집중시키는 효과가 있는 '바로크 음악'이나, 오로지 집중하기 위해 만들어진 음악 '웨이틀리스(Weightless)' 등을 틀어 놓으면 더욱 효과적입니다.

7. 가급적 종이 책을 고른다

몰두하려면 의식을 집중하는 루틴을 만드는 것이 효과적입니다. 책으로 말하자면 책장을 넘기는 동작이 몰입의 계기를 만들어 줍니다.

이 일곱 가지 포인트를 염두에 두고 더 가볍고, 더 마음 내키는 대로, 더 즐겁게 책을 읽고 몰입에 가까운 마인드풀니스 상태를 만들어 봅시다.

마지막으로 책에 몰입해서 만드는 마인드풀니스 상태가 스트레스 해소에 얼마나 효과적인지 설명하겠습니다. 마인드풀니스 상태는 다양한 연구로 그 효과가 수치화됐습니다. 여기에서는 세계 각국에서 실시된 무작위 대조 실험(일정한 규칙 없이 무작위로 뽑아서 어떤 개입을 받는 그룹과 그렇지 않은 그룹을 비교하는 시험—옮긴이)을 메타 분석한 논문과 기사를 인용합니다.

- 우울 효과량: 마이너스 0.53
- 불안 효과량: 마이너스 0.56
- 스트레스 효과량: 마이너스 0.45

- 웰빙 효과량: 0.33

실제 효과량은 수능 시험에 쓰이는 표준 점수를 계산하는 방법으로 측정했습니다. '스트레스 효과량: 마이너스 0.45'는 표준 점수로 말하면 4, 5 정도의 스트레스 감소 효과가 있다는 뜻입니다.

스트레스 해소라는 말에 요가를 떠올리는 사람도 있을 것입니다. 2009년 데니스 리졸로(Denise Rizzolo)의 논문에는 '요가, 유머, 독서'가 스트레스를 줄이는 단순하고 효과적으로 방법이라고 나와 있습니다. 셋 중 효과가 더 뛰어난 것은 없으며, 모두 효과가 비슷하다고 설명합니다. 이로써 앞서 석세스대학교의 '6분간 60% 이상'의 스트레스 해소 효과(56~57페이지 참조)를 포함하여 모든 연구에서 스트레스 해소 효과가 실증됐습니다.

독서는 마인드풀니스 상태가 될 수 있는 궁극의 싱글태스킹이며, 바쁜 일상에 지친 사람들에게 스트레스 해소 효과가 있다는 사실을 알 수 있습니다. 단순하게 책을 읽기만 해도 얻을 수 있는 커다란 이득이라고 할 만하지 않나요?

인격을 향상시키는 가장 쉽고 빠른 방법

독서의 이득 네 번째는 어휘력의 향상입니다. '어휘(語彙)'에서 '어'는 말을 뜻하고 '휘'는 모은다는 의미입니다. 즉, 어휘는 간단히 말해 '단어와 표현'을 말합니다. '어휘가 중요하다는데, 그저 말 표현이 느는 것뿐이잖아요?'라고 생각하는 사람도 분명 있겠지요. 그렇지만 어휘력이 늘면 인생이 급변합니다. 말에서 그 사람의 사는 모습과 인간성이 드러나니까요. 대화에 쓰는 단어와 몸에 밴 교양이 전부 '언어'에 반영되기 때문입니다.

평소 하는 말
= 당신의 인격

영업 사원으로 일하던 시절, 박식하고 말솜씨도 좋은 상사가 있었습니다. 제가 계약했다고 보고하면, "이번에는 성실한 자세가 평가받은 거라고 생각해. 자네의 좋은 점이야."라고 구체적으로 피드백을 주어서 다음번에도 열심히 계약을 따내야겠다고 생각하곤 했습니다.

한편, "이야, 좋은데", "대박이야", "대단해" 하고 질릴 정도로 같은 말만 반복하는 사람도 있었습니다. 그때 구체적인 피드백이 사람의 마음을 움직인다는 것을 알았습니다. 어휘력의 중요성을 실감한 순간이었습니다.

한 가지 사례를 더 소개합니다. 인간은 모르는 것에 본능적으로 '두려움, 버거움, 어려움'을 느낍니다. 그런데 어휘력이 부족하면 일상적으로 모르는 상황에 직면합니다. 어휘력이 없으면 다른 사람에게 물을 수도, 스스로 알아볼 수도 없어서 '무엇을 모르는지도 모르는 부지의 상태'에 빠지기 십상입니다. 버거워하며 늘 해결을 미루거나 포기하다 보면 호기심을 잃고 작은 세계에 갇힐 위험이 높습니다.

사람들과 어울리려고 갔으나 너무 지루했던 송년회 자리가 생각나는군요. 과거의 고생담, 성희롱, 회사 내 갑질, 음담패설, 생산성 없는 불평불만이 도돌이표처럼 되풀이되는 자리였습니다. 앞으로 하고 싶은 일, 존경하는 사람, 재미있을 것 같은 일, 미래의 상상, 있으면 좋은 것 등 긍정적인 내용은 나오지 않았습니다.

'이 사람들은 왜 이런 이야기만 화제에 올릴까?' 하는 생각이 들자, 독서 모임 친구들의 대화와 비교가 됐습니다. 독서 모임 친구들과 대화할 때는 아래처럼 화제를 툭 던지면 다각도로 뻗어나가 긍정적인 대화가 끊이지 않았으니까요.

"스트레스 관련 책을 읽었거든. 거기에서 스트레스가 나쁘다고 생각하는 사람만 스트레스의 악영향을 받는다고 해서 놀랐어."

"보는 관점을 바꾸면 스트레스가 좋은 영향을 미칠 수도 있다는 뜻인가?"

"어떻게 인지하느냐에 따라 달라진다니, 시점에 관한 이야기도 되겠다."

"나도 그 책 읽어 보고 싶어. 무슨 책이야?"

어휘가 늘어나면 사고력이 높아지며 소통에 폭과 깊이가 생겨납니다. 차례차례 호기심이 생겨나 반드시 배우고 싶은 분야가 생길 것입니다. 어휘력이 없으면 보는 세계를 확장할 수 없고 표현이 단조로워집니다.

형태 없는 것을 상상하며 즐길 수도 없지요. 대화와 사고가 말을 경유해서 이루어지는 이상, 어휘를 늘리는 것은 중요합니다. 그래야 과거의 고생담, 성희롱, 회사 내 갑질, 음담패설, 생산성 없는 불평불만 오가는 회식에서 벗어날 수 있습니다.

어휘의 두 가지 형체

어휘를 더욱 깊이 파헤쳐 보면 크게 두 가지로 나눠진다는 것을 알 수 있습니다.

- 이해 어휘(인지 어휘): 듣거나 읽을 때 이해할 수 있는 말
- 사용 어휘: 말하거나 기록할 때 쓸 수 있는 말

가령 '예쁘다'와 같은 어군에는 '기특하다, 가련하다, 사랑스럽다' 등 10개가 넘는 말이 있습니다. '기특하다, 가련하다, 사랑스럽다'는 말을 들으면 의미는 이해해도 일상 대화나 문

장으로 쓰는 일이 그렇게 많지는 않을 것입니다. 이것이 이해 어휘와 사용 어휘의 차이입니다(현대 국어의 '어여쁘다'의 옛말인 '어엿브다'는 15세기 문헌에서부터 나타난다. 중세 국어에서 '어엿브다'는 '불쌍하다, 가련하다'의 의미를 지녔는데, 근대 국어 이후로 이 의미와 함께 '아름답다, 사랑스럽다'의 의미로도 쓰이다가 현대 국어에서는 '아름답다'의 의미만 남게 됐다—옮긴이).

어휘력을 향상시키려면 우선 이해 어휘의 사용을 늘려야 합니다. 가장 효과적인 방법이 바로 독서입니다. 이시구로 게이의 《어휘력을 기른다(語彙力を鍛える)》를 보면, 어휘력의 중요성을 다음과 같이 강조하고 있습니다.

> 이해 어휘는 사용 어휘보다 그 수가 훨씬 많습니다.
> (중략)
> 부등호로 표현하면 언제나 '이해 어휘 수>사용 어휘 수'이며, 인간은 이해 어휘를 배운 다음 사용 어휘를 배웁니다.

어휘의 관련성은 '말을 배운다(이해 어휘) → 여러 번 본다(이해) → 쓸 수 있는 말이 된다(사용 어휘)'의 단계가 필요하다는 뜻이지요.

어휘력을 비약적으로 늘리는 최고의 방법

독서는 이해 어휘를 늘리고, 사용 어휘로 승화시키는 가장 효과적인 방법입니다. 글쓴이의 사용 어휘를 문장으로 이해할 있기 때문입니다. 가령 앞에서 나온 '예쁘다'의 어군 중 '가련하다'는 사용 어휘로 자주 쓰지 않는 말입니다. '가련(可憐)하다'는 '어여쁘다, 애처롭다'는 뜻이지만, '련(憐)'에 '가엾게 여기다'라는 의미가 들어 있어 '예쁘다'보다 '안 됐다'나 '불쌍해 보인다'같이 동정의 의미가 더 강합니다. '가련하다'의 뜻을 이해하려면 다양한 표현으로 쓰인 문장을 봐야 합니다.

- 눈앞에 있는 청순가련한 소녀가 손짓하며 불렀다.
- 가련한 소녀의 천진난만한 웃음을 보니 구원을 받는 기분이었다.
- 보잘것없는 힘을 쥐어 짜내듯 가련한 꽃이 피어 있었다.

다양한 용례를 접해야 '가련하다'의 쓰임새를 알 수 있고, 이 과정을 거쳐야 사용 어휘로 격상되는 것입니다. 비슷한 환경에서 똑같은 시간을 보내면, 쓰는 말이 늘 거기서 거기이므로 어휘가 늘지 않습니다. 책을 읽고 저자의 사용 어휘를 접해야 새로운 어휘를 만나고, 새로운 세계가 보이는 것입니다. 이것도 독서로 얻을 수 있는 커다란 이득이 될 수 있지 않을까요?

글 읽는 속도가 빨라진다고 무슨 이득이 있을까?

저는 독서 덕분에 읽는 속도가 빨라졌습니다. 특히 그렇게 느낀 것은 SNS를 시작한 2년 전입니다. 저는 당시 스물일곱 살로, 트위터를 막 시작한 참이었습니다. 트위터에 추천 도서와 독서 관련 지식을 올렸는데, 그 뒤에 세간과 저의 상식에 차이가 있음을 깨달았습니다.

제가 '매일 두 권의 책을 읽는다'고 올리자 "어떻게 하면 그렇게 읽을 수 있지요?", "두 권이나 읽다니 말도 안 돼."와 같은 의문과 반론의 목소리가 쏟아졌습니다. 그제야 저에게 당연한 일이, 세상 사람들에게는 어렵게 느껴진다는 사실을 알았습니다. 제 주변에는 하루에 몇 권씩 읽는 사람이 흔해서 그게 상식인 줄 알았습니다. 그러면 왜 책을 빨리 읽는 사람과 늦게 읽는 사람이 있는 것일까요?

독서 속도를 재는 방법

먼저, '독서 속도란 무엇인가'부터 설명하겠습니다. 책은 두꺼운 것부터 얇은 것까지 숱하게 많습니다. 이 중 비즈니스, 자기 계발서 단행본은 보통 250쪽 정도에 약 10만 자로 구성되어 있습니다. 만약 건너뛰지 않고 한 글자, 한 글자 공들여 책을 읽으면 얼마나 시간이 걸릴까요?

일본인의 평균 독서 속도는 분당 400~600자라고 합니다. 예를 들어, 분당 600자로 한 번에 쉬지 않고 읽으면 167분 걸린다는 계산이 나옵니다. 다시 말해 한 권을 읽는 데 2시간 47분, 두 권을 읽으면 5시간 34분이 걸리니 매일 두 권씩이 현실적이라고 할 수는 없겠지요. 이것이 "어떻게 하면 그렇게 읽을 수 있지요?"라고 묻는 이유일 것입니다.

저는 짐 퀵(Jim Kwik)의 저서 《마지막 몰입》에 나온 '독서 속도 측정 방법'을 참고해 정기적으로 독서 속도를 잽니다. 이 책에 나오는 독서 속도 측정 방법을 소개해 보겠습니다.

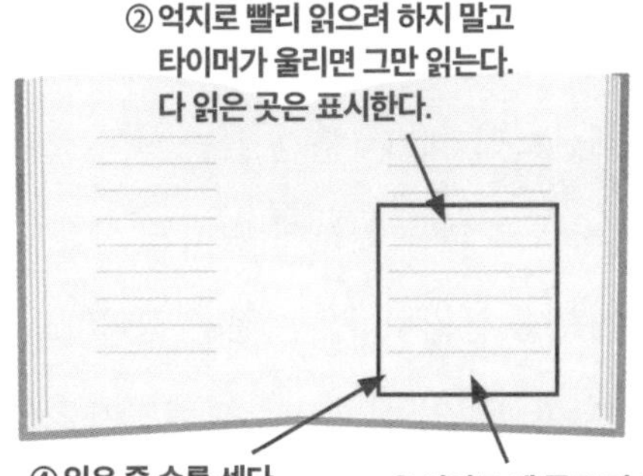

① 타이머를 2분으로 세팅한다.

② 억지로 빨리 읽으려 하지 말고 타이머가 울리면 그만 읽는다. 다 읽은 곳은 표시한다.

③ 어디든 세 줄로 된 구절(단어나 구두점의 수가 평균적인 줄)의 글자 수를 세고 그 수를 3으로 나눈다.

④ 읽은 줄 수를 센다(한 줄에 글자가 절반이 넘는 줄만 센다).

⑤ 한 줄의 평균 글자 수와 읽은 줄 수를 곱한다(③번과 ④번에서 나온 숫자를 곱한다).

⑥ ⑤번에 나온 수치를 2로 나눈다(①번에서 2분간 읽었으므로).

이 방법으로 계산하니 제가 1분간 읽는 글자 수는 1,200자였습니다. 10만 자짜리 책을 읽는데 걸리는 시간은 약 84분, 다시 말해 약 1시간 24분입니다. 두 권을 읽더라도 약 2시간 48분입니다. 훨씬 현실적인 시간으로 느껴지지 않나요?

독서 속도가 빨라지면 짧은 시간에 많은 책을 읽을 수 있습니다. 참고로, 실제로 두 권을 읽는 데 2시간 48분이 걸리지는 않습니다. 요령 있게 읽으면 시간을 더욱 단축할 수 있기 때문입니다. 어떻게 읽는지에 관해서는 뒤에서 다루기로 하고 여기서는 읽는 속도에 대해 설명하겠습니다.

독서 속도에 숨은 결정적 비밀

방금 소개한 방법으로 정기적으로 독서 속도를 재는데, 전과 완전히 다른 수치가 나올 때가 있습니다. 어떤 책을 읽느냐에 따라 전혀 다른 결과가 나오는 것입니다. 생각해 보면 당연한 일입니다. 쉬운 책은 빨리 읽을 수 있지만, 어렵거나 좀처럼 잘 안 읽힌다고 느껴지는 책은 느릴 테니까요. 좀 더 구체적으로 이야기해 봅시다. 어려운 글을 이해하려면 여러 번 같은 구절을 읽어야 하므로 시간이 걸립니다. 톨스토이의 《전쟁과 평화》에 나오는 구절을 예로 들어 봅시다.

열정가라는 것이 그녀의 통념이 됐으므로 때로는 그렇게 보이고 싶지 않을 때마저 그녀는 자신을 알고 있는 사람들의 기대를 저버리지 않으려고 열정가 행세를 해야 했다.

이 문장을 처음 읽을 때는 무슨 말인지 이해하지 못했습니다. 여러 번 다시 읽고 나서야 '그녀는 자신을 열정가로 믿고 있는 주변의 기대에 부응하기 위해 연기를 한 것이다'라는 상황을 이해했습니다. 이런 독특한 문체로 구성된 책은 당연히 읽는 데 시간이 걸립니다. 낯선 분야의 책도 상황은 비슷합니다. 가령 하버드대학교의 권위자인 데이비드 A. 싱클레어(David A. Sinclair) 교수가 쓴 《노화의 종말》의 한 구절을 봅시다.

아이오와대학교의 생화학 학과장인 찰스 브레너(Charles Brenner)는 비타민 B3의 한 형태인 NR(니코틴아미드리보사이드)이 매우 중요한 NAD의 전구체 중 하나라는 것을 2004년 발견했다(전구체란 생화학반응에서 특정한 생성물의 전 단계에 있는 일련의 물질을 말한다). 그리고 후에 Sir2 효소의 활동이 활발해지도록 NR이 NAD를 증가시키면 효모 세포의 수명이 늘어난다는 사실도 발견했다.

이 책을 처음 읽었을 때, 전혀 이해하지 못했습니다. 전문 용어와 논문 같은 딱딱한 필체에 막혀 한 장도 넘기지 못했습니다. 이 책은 전문 용어가 많아 독해력과 상관없이 어느 정도 지식량이 있어야 내용을 이해할 수 있습니다.

세상에는 앞에서 소개한 《전쟁과 평화》나 《노화의 종말》도 술술 읽는 사람이 있습니다. 《전쟁과 평화》 같은 소설이라면 처음에는 멈칫거리다가도 계속 읽다 보면 문체에 익숙해질 것입니다. 또 일상에서 거의 쓰지 않는 '열정가, 행세, 통념, 저버리다'같은 말도 차츰 사용 어휘로 승화시킬 수 있습니다. 이런 과정을 거치면 읽는 속도가 빨라지겠지요.

생물학 기초 지식을 가진 사람이 《노화의 종말》을 읽으면 어떨까요? 적어도 내용이 어려워서 이해하지 못하는 일은 없을 것입니다. 다시 말해 글 읽는 속도는 지식량, 어휘량, 독해력 세 가지로 정해집니다.

거듭 말하지만 독서에는 무지와 미지를 기지로 바꾸는 힘이 있습니다. 거기에 이해 어휘를 사용 어휘로 승화시키는 힘도 있지요. 읽는 속도가 저절로 빨라지는 이유입니다. 다시 말해, 책을 많이 읽으면 읽을수록 독서 속도도 빨라지는 것입니다.

독서 속도가 빨라지면 할 수 있는 것

독서 속도가 빨라지는 것의 장점이 단순히 '책을 빨리 읽을 수 있다'는 것뿐만은 아닙니다. 치키리의 저서 《자신의 시간을 되찾자(自分の時間を取り戻そう)》에는 다음과 같은 글이 나옵니다.

> 당연한 말이지만 2시간짜리 대담을 들으려면 2시간이 걸립니다. 알아들을 수 있을 정도로 재생 속도를 빨리 당긴다 해도, 1시간이 넘겠지요. 하지만 2시간 분량의 대담 원고가 수중에 있으면 대부분 30분도 지나지 않아서 전체의

요지를 이해할 수 있습니다. 빠른 사람이라면 15분 만에 이해할 것입니다.

아나운서는 분당 300글자를 읽을 수 있습니다. 이에 비해, 앞서 소개한 텍스트의 평균 독해 글자 수는 분당 600글자입니다. 두 배나 차이가 나지요. 정보 취득에 있어 텍스트는 엄청난 생산성을 발휘합니다.

만약에 여러분이 평소에 책을 즐겨 읽고, 어느 정도 지식이 있으며, 활자에 익숙해서 분당 1,000자를 읽을 수 있다면 어떨까요? 상사가 "이 서류, 내일까지 정리해 줄 사람 없을까?" 물을 때 제일 먼저 손들 수 있을 것입니다. 정보 취득 속도가 빨라지면 일할 때 여유가 생깁니다.

독서하면 읽는 속도가 점점 빨라져서 독해력도 향상됩니다. 정보 취득 능력이 일취월장하고, 업무 생산성도 높아집니다. 이것이 읽기만 해도 체감할 수 있는 독서의 또 다른 이득이 아닐까요?

꼰대가 될까 봐 걱정할 필요가 없는 이유

독서는 고집하던 가치관의 깨부수어 줍니다. 과연 이게 무슨 말일까요?

'에코 체임버(Echo Chamber)'라는 말을 들어 본 적이 있나요? 에코 체임버란 '자기 목소리가 메아리처럼 되돌아오는 방(체임버)'이라는 뜻으로 고집스럽게 비슷한 생각을 가진 사람만 만나거나 계속 같은 환경에 있는 것을 말합니다.

꾸준히 도전하고 타자의 의견을 들으려 하거나, 일상적으로 새로운 지식을 받아들이려는 사람을 제외하면 모두 에코 체임버 상태라고 할 수 있습니다. 인간은 원래 변화를 두려워하게 만들어진 생물이기 때문입니다.

요즘이야 수도꼭지를 틀면 물이 나오고 슈퍼에서 얼마든지 먹거리를 살 수 있지만, 인류의 진화사에서 살펴보자면 생활이 이렇게까지 편리해진 것은 매우 최근의 일입니다.

원시 시대의 인간은 물이 있는 곳을 떠나면 언제 또 마실 수 있을지 알 수 없었습니다. 길가에서 자라는 낯선 버섯에 독이 있을지도 모르고, 안전한 동굴에서 나오는 순간 바로 야생 동물에게 습격당할 수도 있었습니다. 변화는 죽음과 직결되는, 절대로 선택해서는 안 될 결단이었습니다.

과학이 진보하고 많은 것이 몰라보게 달라졌으나 600만 년의 인류 진화사에서 보자면 최근 100~200년은 바로 어제인 것과 마찬가지입니다. 생활 방식은 달라져도 변화를 두려워하는 인간의 구조는 그렇게 쉽게 달라지지 않습니다.

다시 말해, 조금만 마음을 놓아도 인간은 필연적으로 에코 체임버 상태가 됩니다. 생존을 위해 에코 체임버 상태에서 편안함을 느끼도록 신체가 이미 설계되어 있기 때문입니다.

독서가 열어주는 폭넓은 세상

타일공으로 일하던 열여섯 살의 첫 임금은 14만 엔(약 14만 원)이었습니다. 일급 7천 엔(약 7만 원)으로, 20일치 일당을 계산한 금액입니다. 당시 또래 친구들은 고등학교에 다니고 있어 14만 엔은 저밖에 벌지 못하는 큰돈이었습니다.

어쨌거나 열네 살 때부터 생활 보호 대상자였기에 '앞으로 조금씩 월급을 올려 20만 엔(약 200만 원)을 벌면 여봐란 듯이 살 수 있다'고 믿어 의심치 않으며 우쭐했습니다. 거금을 버는 스스로가 자랑스러워, 반년 동안은 콧노래를 부르며 살았습니다. 독서는 이 같은 에코 체임버 상태에 있던 저를 깨부수었습니다.

서점에서 손에 쥔 책은 대부분 '14만 엔의 현실'도 '20만 엔의 이상'도 세상 기준으로는 낮은 수치라고 가르쳐 주었습니다. 성공 철학의 아버지 나폴레온 힐(Napoleon Hill)의 《생각하라 그리고 부자가 되어라》를 읽은 뒤에는 세상의 잣대로 볼 때 낮은 액수인 14만 엔을 받는 내 현실이 사회 탓이나 중졸이라는 학력 탓이 아니라 스스로의 좁은 소견 탓임을 뼈저리게 느꼈습니다.

'간절히 바라면 이루어진다'는 진부한 말을 할 생각은 없습니다. 하지만 생각이 가면 몸도 자연히 그쪽으로 향합니다. 책을 읽으면 읽은 만큼 다양한 의견을 알게 됩니다. 그 의견을 들으면 가치관이 달라지고, 앞으로 나아가는 계기를 만들 수 있습니다.

인간은 변화를 거부하도록 설계됐으나, 시대는 놀라운 속도로 변화하고 있습니다. 하나의 가치관만 고집하지 말고 다양한 생각을 이해하기 위해 책을 읽었으면 합니다. 사람들에게 직접 이야기를 듣는 것도 좋지만, 독서는 지금 당장 에코체임버 상태에서 빠져나올 수 있는 최선의 수단입니다.

의미 없는 독서에도 가치가 있다

지금까지 읽기만 해도 체감할 수 있는 독서의 이득을 다루었습니다.

① 지식을 얻으면 도전의 문턱이 낮아진다.

② 상상력과 공감력이 향상된다.

③ 스트레스에 강한 사람이 된다.

④ 어휘량이 풍부해진다.

⑤ 글 읽는 속도가 빨라진다.

⑥ 고집하던 가치관을 깨부순다.

여기까지 읽고 '일상적으로 독서하고 싶다'고 느꼈나요? 부디 책을 읽고 그 멋짐을 직접 느껴 보세요. 독서는 뇌를 성장시키고 인생을 다채롭게 만드는 최강의 오락입니다.

그런데 우리는 왜 이 최강의 오락인 독서를 싫어할까요? 많은 사람이 초등학교에서 글쓰기와 책 읽기를 배웠을 것입니다. 도덕, 국어 등의 수업 시간에 "이때 주인공은 어떻게 생각할까요?"라는 질문을 받은 적이 있지 않나요? 또, 시험 답안지에 쓰기 위해, 교과서를 끝까지 읽고 저자의 의도가 무엇인지 읽어 내야 한다고 배운 사람도 많을 것입니다. 어른이 된 뒤에도 그렇게 읽어야 된다고 생각하는 사람이 있다면……. 저는 여기에 독서를 싫어하는 이유가 있다고 생각합니다.

한 글자, 한 글자 읽는 독서는 '관심 없는 부분도 억지로 읽어야 하는 아집의 독서'입니다. 교장 선생님의 훈화를 딱딱한 체육관 바닥에 앉아 억지로 들어야 하는 상태와 다르지 않습니다. 필요한 지식이라며 딱딱하고 좁은 책걸상에 매어두고 딴짓을 허용치 않는 학원 강의와 다르지 않고요. 그렇게 계속 독서하는 것은 무리입니다.

이어서 나올 독서 기법 2에 여러분의 독서를 바꾸어 놓을 '네 가지 시점'의 독서법을 자세히 설명하겠습니다. 이 네 가지 시점을 잘 활용하면 독서로 얻고 싶은 것이 지식의 흡수인지, 아니면 재미인지 알게 될 것입니다. 또한 단 한 권을 읽더라도 목적과 기분에 맞게 바꿔 읽는 재미를 느낄 수 있습니다.

독서 기법 2

독서를 즐기는 네 가지 시점

책 읽을 때의 네 가지 시점이란 '작가, 작품, 독자, 타자'의 시점입니다. "같은 책을 읽는데 시점이 있나요?"라고 의문을 가지는 사람도 많을 테니, 이제부터 구체적으로 하나씩 파헤쳐 보겠습니다.

1. 작가 시점의 독서

작가 시점이란 작가의 주관으로 내용을 이해하는 독서 관점입니다. 작가의 경력이나 근간이 되는 주장을 전제로 하면서 '이렇게 썼다면 이런 의미겠지' 하고 읽는 것이 작가 시점의 독서입니다. 과거 작품과의 공통점을 찾아내거나, 차이점을 비교하며 더 깊이 이해하는 방법이라고 할 수 있겠지요.

가령 저는 일본 쇼트슬리퍼육성협회 대표 이사인 호리 다이스케를 좋아합니다. 그는 《수면 혁명》, 《수면 상식은 거짓말투성이(睡眠の常識はウソだらけ)》처럼 수면 상식을 파괴하는 책을 몇 권이나 냈습니다.

그 두 권을 읽고 저는 충격을 받았습니다. 처음으로 읽은 《수면 혁명》에서 저자는 현대의 수면 스타일을 정면에서 부정했습니다. '7시간 수면을 권장하는 일반론이 틀렸나?' 하고 의문을 갖게 한 책입니다. '호리 씨 의견이 너무 재미있어!' 하고 마음이 요동친 기억이 납니다.

그 후 호리의 경력과 운영 단체의 서비스 내용, 수많은 저서를 읽고 그의 사상을 제게 심었습니다. 그러고 난 뒤 읽은 《수면 상식은 거짓말투성이》는 그의 사고와 주장을 전제로 읽어서인지 전혀 다른 느낌을 받았습니다. 저자의 주장을 글과 데이터로만 좇지 않고 실제 체험하듯 읽을 수 있었습니다. 호리가 느껴 온 위화감이 내 안에도 심어졌으니 당연한 일입니다. 이것이 작가 시점입니다. '호리 씨는 수면에 관해 질문이 오면 분명 이렇게 대답할 거야.'라며 작가가 어떤 심경으로 책을 썼는지 이해하면서 읽습니다. 어쩌면 작가 시점의 독서는 작가가 가장 반기는 독서법일지도 모릅니다.

2. 작품 시점의 독서

작품 시점의 독서는 모범 해답식 독서입니다. '교과서를 넘기며 시험의 정답을 찾는 독서법'이라고 하면 이해하기 쉬울까요? 글을 정확히 이해하고 쓰여 있는 그대로 머릿속에 메모하는 느낌입니다. 가장 일반적인 독서 방법인지도 모릅니다. 뜻을 이해하는 것이 목적이며, 이면에 있는 인간의 감정을 일체 읽지 않고 사실만 읽어 내는 독서라고 할 수 있습니다.

첫 장 첫 줄부터 마지막 장 끝줄까지 건너뛰거나 빠트리고 읽지 말고 쭉 읽어 내려갑니다. 읽는 동안 이 책이 무엇을 전달하려고 하는지 파악할 수 있습니다. 책으로 작가의 의견이 무엇이고, 어떻게 설명하고, 어떻게 전달하려 하는지도 바로 알 수 있습니다. 학교 교육 과정에서 배우는 방법으로 가장 많은 사람이 이 방식에 따라 책을 읽을 것입니다. '독서를 즐기는 네 가지 시점' 중 하나로 소개하지만, 제가 추천하는 독서법은 아닙니다.

3. 독자 시점의 독서

독자 시점, 그러니까 여러분 시점으로 읽는 독서입니다. 작가가 전달하려는 의도를 읽기보다 어디까지나 자신의 주관대로 읽는 독서 시점입니다.

'뭐 일에 써먹을 만한 내용은 없을까?', '내일 아침 조례 시간에 쓸 만한 화제는 없을까?', 'SNS에 올릴 만한 내용은 없을까?'와 같이 자신의 목적에 맞게 읽습니다. 한 글자, 한 글자 공들여 읽을 필요는 없습니다. 처음부터 끝까지 읽지 않아도 됩니다. 차례에서 필요한 부분만 찾아 읽어도, 건너뛰며 읽어도 문제없습니다. 책을 대충 훑어보거나 띄엄띄엄 읽어도 괜찮습니다. 다른 사람에게 내용을 알려 주거나 친구와 의견을 나누는 자리를 마련해도 좋겠지요. 자기 목적을 위해 읽는다. 그것이 독자 시점의 독서입니다.

4. 타자 시점의 독서

타자 시점은 누군가의 감상을 토대로 읽는 독서입니다. 어떤 책이든 누구나 인터넷에 글을 올리는 시대입니다. 제목을 검색하면 어김없이 감상문이 올라와 있습니다. 온라인 서점에도 막대한 수의 감상문이 올라오고, 책 내용 요약 사이트나 서평 사이트도 숱하게 많습니다. 유튜브, 트위터, 인스타그램에 독후감을 올리는 사람도 늘었습니다.

똑같은 책이라도 시점이 달라지면 감상이 달라집니다. 타자 시점으로 읽으면 보는 눈이 달라져 전혀 다른 느낌을 받을 수 있습니다. 선입견이 생기기 때문입니다. 전에 읽은 책이라면 다른 이들의 감상을 내 감상과 대조하며 읽을 수 있습니다.

단행본에는 보통 약 10만 자의 글이 실려 있는데, 활자에 익숙하지 않은 사람은 어느 정도 읽어야 이 책이 말하고자 하는 바를 이해할 수 있을지 가늠되지 않아서 읽기 버거울 것입니다. 그 책이 결국 무엇을 말하려는 것인지 단번에 알기 어렵고, 이렇게 길을 잃으면 돌연 책에 흥미를 잃게 됩니다. 그럴 때 타자 시점으로 글을 읽으면 길을 잃지 않고 끝까지 읽을 수 있습니다. 독서 초심자가 가장 접근하기 쉬운 것이 바로 타자 시점입니다.

네 가지 시점을 활용하는 구체적인 독서법을 소개했는데, 저는 특히 독자 시점을 추천합니다. 사회인에게 도움이 되는 것은 '지식의 응용력'이기 때문입니다. 독자 시점으로 책을 읽으면 응용력이 생깁니다. 한 권의 책에서 지식을 통째로 암기하여 작가의 견해를 이해하고 주변 사람들에게 "이 책은 이런 의견이 쓰여 있어."라고 말한다 한들, 인생에는 크게 도움이 되지 않습니다. 그보다 지금 이 순간 필요한 지식을 배워야 성장할 수 있습니다.
여러분이 만약 영업 사원이라면 물건 사는 사람의 마음을 움직이는 법을 하나라도 많이 배우고, 어떻게 말을 걸어야 원하는 반응이 나오는지 경험으로 습득해야 결과를 낼 수 있습니다. 시점을 바꿔서 독서를 즐깁시다. 직접적인 결과가 나오기를 원한다면 독자 시점에서 읽고 지식을 응용합니다. 제 생각에는 이것이 가장 쓸모 있고 가장 즐겁게 책을 읽는 방법입니다.

독자 시점으로 책 읽을 때 염두에 두었으면 하는 것이 있습니다. 하다 고스케의 저서 《인풋 아웃풋이 10배가 되는 독서 방정식(インプット・アウトプットが10倍になる読書の方程式)》에는 다음과 같이 쓰여 있습니다.

'비즈니스 책에서 얻은 지식으로 결과물을 내려면 다음 두 개의 시점이 필요합니다.

- 책에서 얻은 지식이 '얼마나 쓸모 있는가?'
- 책에서 얻은 지식의 '응용 범위는 얼마나 넓은가?'

이 두 가지야말로 독자 시점으로 책 읽을 때 빼놓을 수 없는 사항입니다. 그 지식이 쓸모 있는지 없는지는 읽는 사람에 따라 다릅니다. 마케터라면 마케팅 프레임워크나 고객 심리에 관한 정보가 쓸모 있을 것이고, 작가라면 문장을 표현하는 방법이 도움이 되겠지요. 그런데 응용 범위에 관한 지표는 사람에 따라 다릅니다. 구체적인 방법이라도 그것을 얼마나 추상화할 수 있느냐에 따라 적용 범위가 달라지기 때문입니다. 옥스퍼드대학교에서 한 연구를 소개합니다. 이제부터는 자기 일이라 생각하고 독자 시점으로 읽어 보세요.

이곳은 한 실험이 열리는 대학교 강의실입니다. 연구자는 당신에게 "자네는 제리라는 갓난아기의 부모야."라고 말합니다. 제리는 미숙아로 태어나 뇌출혈을 일으키고 신생아집중치료실에서 인공호흡기를 단 상태입니다. 의사는 여러분에게 두 가지 선택지가 있다고 말합니다.

- 치료를 계속한다.
- 치료를 중단한다.

치료를 중단하면 제리는 죽습니다. 단, 치료를 계속해도 죽을 가능성이 크고 살아도 뇌에 장애가 남습니다. 실험 참가자는 A와 B, 두 그룹으로 나누고 참가자의 고통을 수치로 쟀습니다.

- A그룹: 스스로 치료를 중단하기로 결정한 그룹
- B그룹: 의사에게 결정을 맡기라고 지시 받은 그룹

이 연구에 따르면 고통의 크기는 '스스로 치료를 중단하기로 결정한 그룹'인 A가 크다고 나왔습니다. 동시에 실험 참가자는 B처럼 결정을 포기하는 것을 싫어한다는 결과도 나왔습니다.

이 연구를 보고 많은 사람이 '결정하면 고통이 커지지만, 사람들은 결정할 기회를 놓치기를 원하지 않는다'라는 사실을 알았습니다. 독자 시점으로 읽는다면 이 결과를 어떻게 응용할지 생각해야 합니다. 만약 여러분이 영업 사원이라면, 일단 추상적으로 이해한 뒤 자기 일로 바꿔 생각해 봅니다.

① 선택지는 주되, 결정은 고객에게 맡기는 것이 좋다.
② 선택을 독려하는 것은 효과적이지만, 멋대로 정하는 것은 반발을 초래할 것이다.
③ 다음번에 고객과 만날 때는 A와 B, 두 가지 선택지를 준비하여 "어느 쪽이 더 좋으신가요?"라고 물어보고 결정을 맡겨 보자.

③번처럼 구체적으로 행동으로 옮기는 것이 가장 이상적이라 할 수 있습니다. 이러면 책 내용을 실생활에 직접 도움이 되는 것으로 만들 수 있습니다. 처음부터 마지막까지 통으로 읽거나 저자의 의견에 집중해서 읽는 대신, 책을 나를 위한 배움의 수단이라고 생각해 봅시다. 독자 시점으로 읽으면 어떤 분야의 책이든 결과를 낼 수 있습니다.

또, 학창 시절처럼 억지로 읽던 책이 재미 없었다면 과감하게 버리고 나에게 도움이 되는 책을 읽읍시다. 그러면 결과도 좋아져서 누가 읽으라고 강요한 것도 아닌데 더 읽고 싶어질 것입니다. 자연스럽게 독서의 이상적 루틴이 완성됩니다. 이처럼 세상을 바라보는 간단한 기준만 바꾸어도 배움의 즐거움과 농도가 몰라보게 달라집니다.

시점을 바꾸면 독서법도 달라집니다. 학창 시절, 학교에서는 교과서를 처음부터 끝까지 통으로 읽고 이해하고 기억하라고 했습니다. 하지만 저는 다른 방법을 권하겠습니다.

① 자신에게 쓸모 있는 지식을 찾는다.

② 실생활에서 활용할 수 있는(응용할 수 있는) 지식을 찾는다.

③ 재미있게 느껴지는 지식을 조금씩 모은다.

일단은 이 세 가지를 머릿속에 집어넣으세요. 그러면 책 읽는 방법이 확연히 달라질 것입니다.

- 처음부터 읽지 않아도 된다.
- 전부 읽지 않아도 된다.
- 건너뛰며 읽어도 된다.
- 사실을 있는 그대로 받아들이지 않는다.
- 책과 논의하듯 읽는다.
- 자기만의 해답을 찾는다.
- 단숨에 읽고 넘어가도 된다.
- 속독은 나쁜 것이 아니라 좋은 것이다.

이제 독서에 관한 여러분의 가치관도 좀 달라지지 않았나요? 좀 더 자유롭고 원하는 대로 책을 읽을 수 있겠지요. 책 제목을 외울 필요도 없고, 내용을 구체적으로 기억할 필요도 없습니다. 자유롭게 책을 뒤적거리며 나만을 위한 독서를 시작해 봅시다.

마지막으로, 독자 시점은 스마트폰이나 컴퓨터 등 디지털 기기를 많이 쓰는 현대인에게 딱 맞는 독서법입니다. 정확히는 '달라졌다'고 말하는 것이 좋겠지요.
캘리포니아대학교 로스엔젤레스교(UCLA) 대학교원에서 센터장으로 일하는 매리언 울프(Maryanne Wolf)는 《다시, 책으로》에서 다음과 같이 기술했습니다.

> 디지털 기기로 글을 읽을 때, 눈동자가 F 자나 지그재그로 움직이는 것을 자주 볼 수 있습니다. 문맥을 파악하기 위해 글 안에서 재빨리 키워드를 찾아내고(대개는 화면 왼쪽에 있습니다) 바로 최종 결론으로 돌진하는 것이지요. 그 결론이 정당한 경우에만 본문으로 돌아가 결론을 뒷받침하는 세부 내용을 골라냅니다.

어린 시절부터 디지털 기기를 써 온 우리는 정보가 넘쳐나는 상태를 특별하게 느끼지 않습니다. 유튜브를 비롯한 SNS는 물론 텔레비전 뉴스 방송, 인터넷 기사와 책에서 나오는 막대한 정보 안에서 '고를' 수밖에 없게 됐지요. 당연히 '고르기' 위한 독서법이 필요합니다.

정보는 넘쳐 나는데 시간이 없는 상황에서 억지로 한 글자, 한 글자 읽으며 작가와 작품의 의도를 이해하기보다 '나에게 도움이 되는 지식은 무엇인지' 독자 시점에서 책을 읽고 '왜 이런 결과가 나온 것인지' 찾아낸 지식의 근거를 곰곰이 생각해 봅시다. 그것이 가장 나를 성장시키는 결과를 내는 독서가 아닐까요?
연간 100권이 넘게 다독하면 '지식의 파편을 얻을' 수 있습니다. 저절로 부지가 줄고 검색 능력이 늘며, 아는 것이 늘어나고, 호기심이 꼬리를 뭅니다. 한 권을 최대한 공들여 읽는 정독은 '써먹을 수 있는 지혜를 얻는다'는 의미가 있습니다. 이를 머릿속에 프레임으로 만들고 무의식 속에 반영시킵니다. 모든 것이 정답이고 의미입니다. 우리는 그저 목적에 맞게 고르면 됩니다.
10년간 독서를 하며 생각했습니다. '고독은 타자가 있어야 비로소 자각하는 배부른 감정이다', '배움은 예측하지 못하는 일을 줄이고 예측력을 높이는 데 의의가 있다', '실패는 꺼릴 것이 아니라 가장 빠르게 결과를 내기 위해 바라야 한다'. 이런 멋진 말을 볼 때마다 독서의 재미에 전율합니다. 독서는 세상에서 가장 유의미한 낭비입니다.

상식이란 나중에 생겨난 편견 덩어리임을 깨닫고, 상식보다 내 자신의 기준을 소중히 여기며 살려고 합니다. 크게 잘못된 판단을 하지 않으려고 책을 읽고, 비판 없이 그저 묵묵히 듣고 문화를 접하며 자신의 기준을 업데이트합니다. 답 없는 질문이 많은 요즘이라 독서가 더욱 중요하다고 생각합니다.

말도 잘하고 모든 질문에 알기 쉽게 설명하는 선배 경영자에게 "어떻게 그렇게 막힘없이 대답할 수 있나요?"라고 질문한 적이 있습니다. 그는 이렇게 답했습니다. "전에 생각해 본 내용이라서." 사람들이 '대단하다'고 칭송하는 사람들은 대부분 머리 회전이 빠르다기보다 생각을 많이 한 것인지도 모릅니다. 생각이란 역시 중요합니다.

빠르게 읽고 바로 써먹는 독서력 향상 프로젝트

3+1 독서법

✦ ✦ ✦

성공을 위한 최소한의 투자, 하루 15분

1% 독서법

저의 독서 모토는 '가치를 높이기보다 한 권이라도 더 재미있게 읽고 싶다'입니다. 그래서 어떻게 하면 독서하는 동안 메모 같은 귀찮고 버거운 짓을 하지 않을지, 또 어떻게 해야 독서의 문턱을 낮출지 등과 같이 하기 싫은 일 없애기에 철저히 매달렸습니다. 이러한 노력은 결국 하나의 결론에 다다랐습니다.

독서가 버겁게 느껴지는 가장 큰 원인은 의무감과 완벽주의였습니다. '책을 다 읽고 나면 배우는 것이 있어야 한다'거나, '어떤 책이든 완벽하게 읽어야 한다' 같은 의무감과 완벽주의에 시달리다 보면 독서를 즐기기는커녕 부담 없이 가볍게 책을 펼칠 수도 없습니다. 그래서 독서에 역할을 부여하기로 했습니다.

- 아웃풋 및 기억 효율을 최우선으로 하는 배우는 독서
- 지식의 파편을 늘리고 즐기면서 부지를 줄이는 독서
- 즐기면서 독서의 토대를 강화하는 독서

역할이 생기면 완벽을 추구하지 않아도 됩니다. 모든 책에서 의무감을 털어 낼 수 있습니다. 무엇보다 독서를 부담 없이 즐길 수 있습니다. 이번 장에서는 독서에 역할을 만들고 구체적으로 의미를 부여하는 3+1 독서법을 소개합니다.

① 배운 것을 결과로 바꾸는 1% 독서법
② 부지를 줄이고 지식의 파편을 모으는 1책장 1권 독서법
③ 건너뛰고 읽지 않고 빠르게 읽을 수 있는 속청 독서법
④ 지식을 써먹는 가장 쉬운 방법인 아웃풋

책 읽기에 재미를 느끼게 만들고, 계속 즐겁게 읽을 수 있

는 독서법들이므로 꼭 한번 경험해 보세요.

배움을 결과로 바꾸는 1% 독서법

이 책에서 여러 번 말했듯이, 책은 단순히 읽기만 해도 이득이 됩니다. 그렇지만 지금 읽는 이 책이 인생을 더 좋게 만드는 데 보탬이 되면 좋겠다고 생각하는 것은 당연합니다. 저도 그랬으니까요.

저는 귀차니스트지만 좋은 습관을 들여서 매일같이 성장하고 싶었습니다. 1년 후, "1년 전의 내가 이렇게 성장하다니, 믿을 수 없어……"라고 매년 말하고 싶었지요.

'1%의 사고와 습관'은 저 같은 귀차니스트도 10년을 계속하며 매년 큰 변화를 실감한 방법입니다. '1%'는 제가 이 세상에서 가장 좋아하는 마법의 숫자입니다. 이 숫자를 생각해내고 10년 동안 많은 이득을 얻었습니다. 먼저 정량적으로 따져 볼까요? '하루 1%는 얼마나 될까?' 하고 계산해 보니 다음과 같았습니다.

- 하루 = 24시간(1시간은 60분) = 1440분

- 1440분×0.01(1%)＝14.4분(14분 24초)

요컨대, 하루의 1%는 약 15분이라는 계산입니다. 이 책에서 말하는 1%에는 여러 의미가 담겨 있지만, 이것이 '1% 독서법'이라는 이름을 붙인 가장 큰 이유입니다. 이 1%를 떠올리기 전까지는 "15분씩 지식을 쌓는 것이 중요해."라는 말을 들으면, 15분이 생각보다 길다며 숫자만 보고 지레 겁먹었습니다. 그런데 '1%만 열심히 하자'고 스스로를 독려하자 도망치지 않고 열심히 할 수 있었습니다.

시점을 바꾸어 다르게 표현하니 숫자의 인상도 달라졌습니다. '20헥타르의 넓이'라고 하면 감이 오지 않지만, '도쿄돔의 네 배 면적'이라고 하면 크기가 상상되고 인상이 달라지는 것처럼 말입니다. 마찬가지로 15분을 1%로 표현하니 '열심히 할 수 있을 것 같아'라고 생각이 달라졌습니다.

1%라는 수치에는 매일 착실하게 계속한다는 의미도 내포되어 있습니다. 단순 계산으로 매일 1%(1.01)의 노력을 1년간 계속하면 성장이 가속도로 촉진되어 다음과 같은 계산이 됩니다.

- 1.01×1.01×1.01×……(365번)＝약 37배

1%를 모아 1년이면 약 37배나 성장할 수 있다는 계산이 나옵니다. 습관을 만들 때도 스스로 독려해 편한 마음으로 그만두지 않고 계속할 수 있게 도와주지요.

매일 고작 1%의 지식을 쌓는 것으로도 1년 후 37배 성장할 수 있다고 생각하면 참 놀랍지 않습니까? 1년 후 여러분은 지금보다 37배 성장하는 것입니다. 이런 생각을 지닌다면 '1%만 열심히 하자'고 스스로를 북돋울 수 있습니다.

1%만 배워도 충분하다

책을 읽을 때 꼭 기억하면 좋겠다 싶은 1%의 원칙이 하나 더 있습니다. 바로 1%만 배우겠다는 자세입니다. 제가 소개하는 1% 독서법은 '고작 1%와 접하는 것'을 중요하게 여깁니다.

독서할 때 지식을 자신에게 반영하지 않는 사람은 대부분 책 내용을 100% 이해하고, 인생에 유용하게 쓰려고 하는 사람입니다. 100%를 써먹으려면 한 글자, 한 글자 기억하기 위해 여러 번 읽어야 합니다. 메모하고 마인드맵을 작성하는 등 '읽는 것 이외'에 다른 수단도 필요합니다.

경험한 사람도 있을 텐데, 책을 통째로 필사하면 시간이 지난 뒤 대개 아무것도 기억하지 못합니다. 학창 시절에 필기한 교과서 내용을 기억하나요? 당연히 아니겠지요. 그런데 1%라도 가치를 발견한 독서는 영원히 잊을 수 없습니다. 책 한 권을 한 번 읽을 때 100%를 얻으려 하지 말고, 매일 1%씩 100번을 봄으로써 100%로 만들어야 합니다. 그래야 작가의 가치관에 의존하지 않고 자기만의 독창적인 지식이 생깁니다.

저는 1%의 지식 쌓기야말로 독서의 가치를 100% 이상으로 만드는 행위라고 생각합니다. 의식이 바뀌면 읽는 법도 바뀝니다. 하루 1%씩 미래의 나를 위해 지식을 저금하는 것, 그것이 1% 독서법입니다.

1% 독서법의 구체적 방법

우선 지금부터 시작하여 쭉 소개할 세 가지 독서법과 아웃풋 하는 법을 익힌 후, 뒤에서 소개할 '효율 독서법'을 습관으로 만들면 됩니다.

1% 독서법은 간단히 여섯 가지 흐름으로 진행됩니다.

1. 목적을 정의한다

먼저 '왜 이 책을 읽는가'의 목적을 정합니다. '내일 아침 조례 시간에 발언할 지식을 찾는다', '영업직으로서 내일 써먹을 지식을 찾는다', '아침 일찍 일어나기 위해 필요한 지식을 찾는다', 'SNS에 올릴 지식을 찾는다' 등 무엇이든 좋습니다. 목적을 정하면 독서의 밀도를 올릴 수 있습니다.

2. 차례를 보고 예측한다

차례에서 목적을 해결해 줄 만한 구절을 찾습니다. 차례는 작가와 편집자가 독자에게 전체 상을 보여 주기 위해 만든 '책의 지도'나 다름없습니다. 1%의 시간에 1%의 성장을 이루려면 쓸 것은 쓰고, 버릴 것은 버리는 것이 필수입니다. 적절한 차례 활용이 중요합니다.

3. 궁금한 곳을 스키밍 한다

차례에서 눈여겨본 곳을 스키밍(건너뛰며 읽기) 합니다. 여러분이 1번을 따라 책 읽는 목적을 정의했다면, 그 덕에 컬러배스 효과가 작동합니다. 컬러배스 효과란 어느 특정한 걸 의식하면 일상에서 그 특정한 게 저절로 눈에 들어오는 현상을 말합니다.

4. 눈에 들어온 부분을 공들여 읽는다

스키밍 하여 눈에 들어온 부분을 정독합니다. 작가의 주장, 이유, 구체적인 예시를 파악한 다음, 이해할 수 있을 때까지 시간을 들여 찬찬히 읽습니다.

5. 자기 말로 바꾸어 본다

읽은 후에는 반드시 '자기 말'로 바꾸어 보세요. "요컨대, ○○라는 말이지."라고 설명할 수 있도록 한 문장으로 정리해 봅니다. 그러면 스스로 정의한 말이 뇌리에 박혀 기억으로 정착될 것입니다.

6. 상기하고, 생각하고, 쉰다

마지막은 눈을 감고 상기(머릿속으로 떠올려)해 주세요. 중요한 지식으로 해마에 인식시켜서 장기 기억에 집어넣는 것입니다. 그 뒤에는 '내일 어떻게 써먹을까?'를 생각하면서 쉽시다.

수고하셨습니다. 이상 여섯 가지 방법이 1% 독서법의 흐름입니다. 어떤 준비도 필요 없습니다. 종이 책이든 전자책이든 간단히 시작할 수 있습니다. 가볍게 시작할 수 있고, 지속 가능하며, 결과가 확실하게 보입니다.

고작 1%의 습관으로 만들어 낸 놀라울 정도로 간단한 독서법입니다. 거듭 말하지만 공부를 극도로 싫어하고, 중증의 귀차니스트인 제가 10년간 꾸준히 해 온 방법입니다. 아무 생각도 하지 말고 일단 해 보세요. '이거라면 할 수 있다'는 확신 끝에 좋은 결과가 나올 것입니다.

15분은 마법의 단위다

수많은 책에서 집중력에는 한계가 있다고 말합니다. 정신과 의사 가바사와 시온도 《읽으면 잊을 수 없는 독서법(読んだら忘れない読書術)》에서 "매우 높은 집중력을 유지할 수 있는 시간, 그 최소 단위가 15분입니다. 인간이 높은 집중력을 유지할 수 있는 한계가 '15분'이라는 것입니다"라고 설명했습니다.

저도 1% 독서법인 '15분 독서'와 '25분 독서 후 5분 휴식'으로 유명한 포모도로 기법(Pomodoro Technique, 25분간 정해진 일을 하고 5분 쉬는 사이클을 네 번 반복하는 방식으로, 토마토 모양의 요리용 타이머인 '포모도로'를 사용해 이 기법을 실행한 데서 유래됐다—옮긴이)을 번갈아 해 보았습니다. 분명히 기억 효율, 작업 효율, 동기 부여의 관점에서 15분이 더 집중하기 좋았습니다(개인차가 있으니 독자 여러분도 실제로 해 볼 것을 추천합니다).

기억 효율 관점에서는 도쿄대학교 약학부의 이케타니 유지 교수가 한 유명한 조사가 있습니다. 여기에서는 '① 휴식 시간을 중간에 두고 15분×3번(총 45분) 학습하는 그룹'과 '② 80분을 휴식 없이 학습하는 그룹', 총 두 개의 그룹으로 나눠 어느 쪽의 기억 효율이 좋은지 관찰했습니다.

그 결과, 장기 기억으로 남기기에는 휴식 시간을 중간에 두고 15분×3번(총 45분) 학습하는 ① 그룹의 효율이 좋다는 사실이 밝혀졌습니다. 80분을 휴식 없이 학습하는 ② 그룹보다 총 학습 시간이 짧았는데도 더 높은 효과를 얻었다고 합니다.

중간에 적당히 쉬면서 3/4만 공부할 때, 오래 공부하는 것보다 같거나 더 나은 성과를 낸다는 사실이 과학적으로 밝혀진 것입니다. 귀차니스트, 게으름뱅이에게 딱 맞는 방법입니다. 15분은 독서 시간을 유의미하게 만들어 주는 마법의 시간입니다.

초두 효과와 친근 효과

1% 독서법의 기억 효율을 논하기 전에, 인지 심리학의 '초두 효과(Primacy Effect)'와 '최신 효과(Recency Effect)'를 설명하겠습니다. 초두 효과, 최신 효과는 단적으로 말해서 처음과 마지막 기억이 가장 오래 남는 현상을 가리킵니다. 가령 '판다, 사자, 토끼, 오랑우탄, 고양이, 기린, 백곰, 펭귄, 호랑이, 치타, 코알라, 개'처럼 동물의 이름을 나열한다고 칩시다. 조금 후 다시 떠올리면 '판다, 사자, 토끼'와 '치타, 코알라, 개'는 기억해도 중간의 '고양이, 기린, 백곰' 등은 기억해 내지 못하는 사람이 많지 않나요?

인간은 처음과 마지막은 쉽게 기억하지만, 중간은 잘 기억하지 못합니다. 밤새 시험공부를 했는데 기억이 잘 나지 않아서 애타는 것도 초두 효과와 최신 효과가 원인입니다. 기억 효율을 논한다면 반드시 알고 있어야 하는 이 초두 효과와 최신 효과는 독서에서도 중요한 역할을 합니다.

만일 여러분이 이 책의 딱 여기까지 한 시간 정도 걸려 읽었다면, 머릿속에는 지금 장과 첫머리만 남았을 것입니다. 중간이 너무 길기 때문입니다. 짬짬이 쉬면서 외워야 할 과제를 바꾸어 보세요. 그러면서 읽은 것을 곱씹거나 생각해 보세요. 짧게 나눠 읽어야 처음과 마지막으로 읽은 횟수가 압도적으로 늘어 기억 정착률이 높아집니다. 휴식을 취함으로써 기억 효율이 높아지는 1%(15분)의 은혜를 느껴 보세요.

시간을 정해 놓는 마감 효과

상사가 "다음 주 금요일까지 자료를 만들어 주겠나?"라고 지시하면 아마 대다수가 목요일 밤에 딱 맞춰 완성할 것입니다. 또, '저녁까지 책을 다 읽자'고 결심했다고 칩시다. 앞으로 남은 시간은 여덟 시간, 여러분이 한 권에 8만 자인 비즈니스 책을 읽는데 드는 시간은 세 시간입니다. 그렇지만 아침 9시부터 읽기 시작했더라도 책을 다 읽는 것은 목표 기한에 겨우 맞춘, 여덟 시간 후인 오후 5시가 될 가능성이 높습니다.

이제 무슨 이야기인지 짚이는 사람이 있겠지요. 이 현상을 한마디로 정리하면, 인간은 과제를 할 때 주어진 시간을 전부 다 쓰는 경향이 있다는 것입니다. 영국의 역사학자이자 정치학자인 노스코트 파킨슨(Northcote Parkinson)은 이런 현상을 두고 '파킨슨 법칙'이라고 명명했습니다.

인간의 뇌에는 '워킹 메모리'가 존재합니다. 작업과 동작에 필요한 정보를 일시적으로 기억·처리하는 영역을 가리킵니다. 책을 읽을 때도 직전 문장을 파악하지 않으면 읽고 나서 바로 잊어버리므로 이어서 읽을 수 없습니다. 대화할 때도 상대가 한 말을 일시적으로 기억하니까 대화가 이어지는 것입니다. 워킹 메모리는 이런 순간에 활약합니다.

그런데 이러한 워킹 메모리에는 커다란 약점이 있습니다. 바로 한 번에 작업대에 올릴 수 있는 내용의 개수에 한계가 있다는 것입니다. 사람에 따라 다르지만, 보통 7개(±2)이라고 합니다.

예를 들어 '① 빨래를 넌다, ② 저녁밥을 사러 간다, ③ 책을 읽는다, ④ SNS에 글이나 사진을 올린다, ⑤ 우편물을 부친다, ⑥ 메일을 확인한다' 등 해야 할 일이 여러 개 있을 때, 자신의 작업대 사이즈보다 해야 할 일이 넘치면 해야 할 일을 줄이거나 가장자리로 밀어야 합니다. 그러면 남는 선택지가 아래 두 가지밖에 없습니다.

- 잊는다.
- 긴급히 처리할 과제를 먼저 고르고, 상대적으로 긴급하지 않은 과제를 뒤로 미룬다.

'긴급도가 높은지, 낮은지'는 '여유가 있는지, 없는지'로 판단됩니다. 세 시간 만에 독파할 수 있는 책을 읽을 때, 여덟 시간의 여유가 있다면 긴급도가 저절로 떨어져 책 읽는 속도가 느려집니다. 이것이 워킹 메모리의 약점이자 파킨슨 법칙의 함정입니다. 그래서 1% 독서법이 필요한 것입니다.

1% 독서법에서는 'SNS에 올릴 만한 내용을 찾는다', '내일 써먹을 지식을 얻는다'며 먼저 목적을 정합니다. 목적 달성에 필요한 시간은 하루의 1%인 약 15분입니다. 이때 파킨슨 법칙의 함정에 대한 대책으로 가장 효과 있다고 일컬어지는 '마감 효과'를 활용할 수 있습니다.

마감 효과는 기한을 설정하여 집중력과 의욕을 끌어올리는 심리 효과를 가리킵니다. '1%밖에 안 되니까 열심히 해야지.'라고 심리적 부담을 낮춰 줄 뿐만 아니라, 15분 안에 목적을 달성해야 돼서 집중력이 절로 올라갑니다. 1% 독서법은 구조상 의도적으로 집중할 수 있는 방법인 셈입니다.

이때 한 가지 주의 사항이 있습니다. 1% 독서법에서는 '얼마나 읽을까'를 목적으로 설정하면 안 됩니다. 가령 '15분 동안 1장을 읽자'고 목표를 설정하면 1장을 다 읽는 것이 달성 조건이 됩니다. 1% 독서법은 어디까지나 하루 1%의 시간으로 1%씩 성장하는 것, 개인이 성장하고 결과를 내는 것, 지식을 얻는 것이 최우선 과제입니다.

다 읽는 것을 목표로 하면 속도를 억지로 올릴 수밖에 없습니다. 그런데 속도와 이해도는 상충 관계에 있습니다. 독서가 무의미해지는 것입니다. 마감 효과는 집중력과 기억력을 높여 책을 효율적으로 읽게 만들어 주지만, 1% 독서법의 목적은 어디까지나 '지식을 얻는 것, 자신을 1% 성장시키는 것'입니다. 목표를 헷갈리지 않게 주의하세요.

독서하는 습관을 들이는 두 가지 마법

1% 독서법에는 독서 습관을 들이기 위한 마법이 두 가지 있습니다. 바로 '자이가르닉 효과'와 '칼리굴라 효과'입니다.

자이가르닉 효과는 '인간은 마무리한 일보다 완결되지 않은 일에 집착한다'라는 심리 효과를 가리킵니다. 의도적으로 완성되지 않은 채로 작품을 끝내면, '뒷이야기가 궁금하다, 빨리 읽고 싶다!'고 독자의 관심을 강하게 끌 수 있습니다.

칼리굴라 효과는 '"안 돼!" 하고 못하게 하면 더 하고 싶어진다'는 심리 효과를 가리킵니다. 무언가를 절대로 보지 말라고 하면 괜히 더 관심이 생기지 않던가요? 이것이 칼리굴라 효과입니다.

1% 독서법은 마감 효과를 활용하여 15분 만에 목적을 달성하게 만들어 줍니다. 이 시간은 무슨 일이 있어도 반드시 지켜야 합니다. 만약 뒤에 책을 계속 읽고 싶어지면 한 번 더 1% 독서법을 실행하면 됩니다. 시간 제약으로 어중간한 부분에서 책을 덮으면 '뒷이야기가 궁금하다!'라는 자이가르닉 효과가 발동됩니다. 15분이 넘으면 일단 책을 덮는다는 원칙에 따라 '안 된다면 더 읽고 싶어진다!'는 칼리굴라 효과도 발동됩니다. 이렇게 되면 뇌는 '궁금해! 더 읽고 싶어!'라며 호기심으로 가득 찬 상태가 됩니다.

1% 독서법으로 책을 읽다 보면 자연히 이런 상태가 됩니다. 정신 차려 보면 어느새 책을 좋아하고 있을 것입니다. 습관을 들이는 가장 간단한 방법은 재미, 호기심을 유발하는 것입니다. 독서는 질색인 사람도 1% 독서법이라면 책을 좋아하게 될 확률이 아주 높아집니다.

독서 효과를 높이는
세 가지 방법 더하기

1% 독서법을 실천하기 전, 꼭 알아 두었으면 하는 세 가지

방법이 있습니다.

1. 자기 전의 1% 독서법

첫 번째는 '자기 전 1% 독서법을 실행할 것'입니다. 가바사와 시온은《읽으면 잊을 수 없는 독서법》에서 "자기 전 독서는 기억에 남는다!"고 단언했습니다.

> 자기 전에 공부하면 공부한 것이 머릿속에 남고, 자는 동안 새로 주입되는 지식이 없다 보니 '기억의 충돌'이 일어나지 않아 머릿속 정리가 진행되기 때문입니다.
>
> (중략)
>
> 수면은 '머릿속을 정리하는 역할'을 합니다. 수면 중 복잡하게 섞인 정보가 정리되므로 아침에 잠에서 깬 순간, 문제 해결법이 번쩍 떠오르는 것입니다.

이렇게 수면으로 아이디어를 엄선하는 방법을 '추상법(Reminiscence)'이라 표현합니다. 에디슨도 즐겨 쓰던 방법이었다고 합니다. 정말이지 내일의 양식이 될 지식을 기르는 1% 독서법에 딱 맞는 효과라고 할 수 있습니다.

2. 예측하는 습관

두 번째는 '예측하는 습관을 기르는 것'입니다. 이 습관을 기르면 '내 예측은 과연 맞을까?' 하고 퀴즈를 풀듯이 설레는 상태가 됩니다. 이로 인해 관심과 흥미가 생기고 기억 효율이 높아집니다.

책 읽는 동안, 표지와 차례, 머리말을 읽고 내용을 예측하고, 지식을 활용할 때는 위의 과정으로 앞으로 어떻게 될지 예측합니다. 예측하며 독서하면 1%의 지식을 더 알차게 활용할 수 있습니다.

3. SNS를 활용한다

세 번째는 'SNS를 시작하는 것'입니다. '지식을 널리 퍼뜨리는 것'까지 고려하면 1% 독서법으로 SNS에서 눈에 보이는 결과를 더 쉽게 낼 수 있습니다. 배운 지식이 반드시 실생활에서 아웃풋을 만들어 내지는 않습니다. 그럴 때는 다른 사람에게 설명해 주는 것을 고려해 봐야 합니다.

SNS를 시작하면 지식을 자신의 말로 다시 정리하는 습관이 생깁니다. 불특정 다수의 사람들이 보는 곳에 글을 올리면, 잘못된 정보를 올리지 않기 위해 지식의 근거를 파악하는 등 책임 의식을 지니고 글을 올리게 됩니다. 이에 따라 기억 효율도 눈에 띄게 올라갑니다. 1% 독서법은 SNS와 궁합이 아주 좋습니다.

1회 15분 태스크법

'포모도로 기법(25분 작업 5분 휴식)'은 아주 유명한 시간술과 집중법에 관한 방법입니다. 그런데 저는 25분 작업, 5분 휴식을 독서와 일에 응용할 수 없었습니다. 25분이 저에게는 너무 길었기 때문입니다. 15분이 지날 쯤에 너무 지겨워져서 집중력이 떨어졌습니다. 겨우 25분이 끝나면 휴식은 고작 5분뿐입니다.

두 번째 시작할 때 결국 포기했습니다. 그래서 저는 '1회 15분 태스크법'이라는 독자적인 시간술을 개발했습니다. 이런 식입니다(저는 회사원이 아니라서 아침부터 저녁까지 저만의 시간표대로 일합니다).

쓸 수 있는 횟수를 계산한다

- 아침 6시~저녁 6시까지 꼬박 일하면 12시간이다.
- 12시간을 15분으로 나누면 48개의 15분이 나온다.

- 48개의 15분에 1회 15분 과제를 할당한다.

회차에 과제를 할당한다

- 1회째 : 독서
- 2회째 : 집필
- 3회째 : SNS에 올릴 준비
- 4회째 : 산책 겸 생각하는 시간(화장실 휴식 포함)

이런 식으로 전날 밤에 다음 날 할 과제를 설정합니다. 그러자 작업이 15분마다 바뀌어 질리지 않고 집중력을 지속한 채 하루를 보낼 수 있습니다. 이 '1회 15분 태스크법'을 실천하며 탄생한 것이 1% 독서법입니다. 독서에 할당된 회차 중, 1회를 '내일 써먹을 지식을 얻기 위한 독서'로 정의하고 1% 독서법을 시작했습니다. 그러자 취미와 공부의 경계선이 명확해지고 인생이 놀라울 만큼 달라졌습니다.

꾸준히 1%를 쌓으면
당신의 인생은 분명히 바뀐다

'1%만 열심히 하자!' 하고 스스로를 다독이며 10년이 지났습니다. 여전히 매일 쓸모 있는 지식을 하나씩 찾아서 1%씩 성장하려고 노력합니다.

과거의 나와 비교하면 믿을 수 없는 변화입니다. 중졸에, 성적은 아래에서부터 세는 것이 빠르고, 영업에는 전혀 재능이 없던 제가 한 회사의 대표가 되고, 이렇게 책도 출판하게 되었으니까요. 지금 여러분이 읽는 이 책은 꾸준히 1% 독서법을 실천해 온 결과입니다. 배운 것이 결과로 바뀌는 1% 독서법, 꼭 따라 해 보기를 바랍니다.

짧은 시간에 다양하게 읽는 법

1책장 1권 독서법

서점은 작가와 편집자가 고심해서 만들어 낸 글을 함께 접할 수 있는 성지입니다. 그런데 서점에서 책을 구입할 때마다 아쉬운 점이 하나 있습니다. 바로 '관심 분야의 책만' 산다는 점입니다.

제가 구매하는 책들은 보통 한 권에 1,500엔에서 2,200엔(약 15,000~22,000원)사이입니다. 이 금액 안에서 구입할 책을 고르기 위해 페이지를 넘긴 뒤, 알고 싶고 흥미를 느끼는 책만 구입합니다. 당연한 행동이라고도 할 수 있지만, '관심 있는 분야의 책을 고를 때 선입견이 강하게 작용한다'는 것을 염두에 두지 않으면 안 됩니다. 관심이 있다는 말은 곧, 좋아하는 분야라는 뜻이기 때문입니다.

지식의 네 가지 종류를 다시 떠올려 봅시다. 이를 기준으로 생각해 보면, 비슷한 책만 읽으면 아무리 많은 책을 읽어도 얻을 수 있는 것은 '기지의 업데이트', '미지를 기지로 바꾼다', '무지를 기지로 바꾼다' 같은 효과뿐입니다.

다른 사람에게서 책을 소개받을 때도 마찬가지입니다. 가령 여러분이 영업직에 종사하고 있어서 누군가에게 추천받은 '영업 전문가가 쓴 노하우 책', '최첨단 마케팅을 설명한 책', '빅데이터와 다가올 미래를 해설한 책', '외국과의 관계성을 정리한 책'에서 한 권을 구입한다고 칩시다. 대부분 영업 전문가가 쓴 노하우 책을 구입하고, 나머지 책은 인기가 떨어질 것입니다.

서점에서 다른 사람의 추천을 참고해서 책을 고를 때도 관심 있는 분야로 마음이 기울기 마련입니다. 그러면 결과적으로 '부지가 줄지 않는' 독서를 하게 됩니다.

레스토랑 독서와
뷔페 독서

그래서 저는 도서관에서의 독서를 선택했습니다. 감사하게도 도서관에서는 책을 무료로 읽을 수 있습니다. 어쩌면 이 책을 도서관에서 읽는 사람도 있을지 모르겠네요.

물론 도서관에도 단점은 있습니다. '이 책에서 확실하게 배울 거야.'라고 단단히 벼르며 돈을 내고 산 책은 본전을 뽑으려는 마음에 오히려 찬찬히 정독할 가능성이 높습니다. 반면, 빌린 책으로 읽으면 부담이 줄어 가볍게 책장을 넘겨 보는 책이 늘어납니다.

지금까지 소개한 대로, 책을 읽다 보면 선입견과 시점에 따라 다양한 용도와 해석이 생겨납니다. 도서관에서 책을 읽을 때는 제 돈을 들이지 않아서 선입견을 심으려는 행동이나 생각이 줄어듭니다. 그런데 역할을 명확히 정하면 이러한 도서관 독서의 단점도 장점으로 바꿀 수 있습니다.

무료라서 가능한 '가볍게 책장을 넘기는 독서'의 이면에 있는 장점을 살펴봅시다. 일단 지식의 파편을 모아 부지를 줄일 수 있습니다. 가볍게 읽기 때문에 많은 책을 훑어 볼 수 있으니까요. 관심 없는 분야라도 '일단 읽어 볼까' 하고 가볍게 집어 들고 읽을 수 있습니다. 책을 신중히 고르지 않으니

다양한 분야의 책을 접하고 부지를 줄일 수 있는 것이지요.

서점이 '좋아하는 책 한 권을 신중히 골라 찬찬히 음미하며 읽는 레스토랑'이라면 도서관은 '일부러 자리 잡지 않고 이것저것 시도하며 읽을 수 있는 책의 뷔페'입니다.

도서관이기에 할 수 있는 1책장 1권 독서

도서관에서 제가 처음 시작한 것은 1책장 1권 독서입니다. 저는 매일 도서관에 가는데, 1년 전부터 하루에 한 책장당 책 한 권씩 읽기 시작했습니다.

도서관에는 셀 수 없을 정도로 많은 책이 있습니다. 장르별로 책장을 나누는 도서관의 특징을 이용하여, 여러 분야의 책을 읽기 위해 일부러 신중하게 고르지 않고 한 책장당 한 권만 골라 읽는 것입니다.

관심이 없는 분야도 있으니 '가볍게 읽는' 것을 전제로 읽습니다. '1책장 1권 독서'의 다섯 가지 법칙을 자세히 이야기하겠습니다.

1책장 1권 독서의 구체적 법칙

1. 한 책장에서 한 권을 읽으면 반드시 다음 책장으로 넘어간다

한 책장당 한 권씩 읽는 목적은 어디까지나 '부지와의 만남'입니다. 많은 분야, 작가, 작품을 접하는 것이 가장 중요합니다. 검색 시대인 현대에 무기가 되는 이해 어휘와 사고의 폭은 부지의 크기가 크게 영향을 미칩니다. 목적이 정해진 이상, 반드시 다음 책장에 가기로 결심하고 법칙을 철저히 실천하세요.

2. 한 권의 제한 시간을 30분(기준)으로 정하고 가볍게 읽는다

반드시 독자 시점에서 가볍게 읽어 나가야 합니다. 인터넷 뉴스를 읽듯 관심과 부지를 없애는 데만 의식을 집중할 것입니다. 깊이 이해하려 들지 말고 일단 쭉 읽어 나갑시다.

3. 책장 사이를 이동할 때, 강한 관심과 호기심이 생기면 '○○가 궁금하다'고 스마트폰에 메모한다

다른 분야의 책장으로 이동할 때, '궁금해서 도저히 못 참겠어'라고 느낀 내용은 망설이지 말고 메모해 주세요. 한 책장에서 한 권을 골라서 읽다 보면 깊이 알고 싶은 지식을 수

시로 접할 수 있습니다. 만약 강하게 호기심을 느낀다면 두 가지 선택지가 있습니다.

A. 한 책장에서 한 권만 읽기로 했으니, 다음 돌아오는 순번에 읽는다.
B. 책을 대출하여 다른 시간에 읽는다.

관심이 생긴 것을 계기로 1% 독서법을 시작하거나 정독용으로 읽는 책이 늘어날 것입니다. 더불어 책 읽기가 점점 좋아지겠지요.

4. 한 책장당 한 권을 읽는 동안에는 같은 책을 읽지 않는다

인간은 원래 변화를 거부하는 생물이라고 말했습니다. 그래서 한 책장을 한 바퀴 돌고 나면 같은 책을 읽고 싶어집니다. '아직 다 읽지 못했는데…' 하고 부족한 지식을 채우고 싶어지는 것입니다. 그래도 '절대로' 그래서는 안 됩니다. 절대 그래서는 안 된다면 생각할수록 관심이 높아져서 앞서 말한 A와 B, 두 가지 선택지를 고르는 순간이 늘어납니다. 글과 어휘와 접할 기회가 늘어날 뿐 아니라 도서관에서 나온 뒤에도 독서하고 싶은 욕구가 솟구칩니다. 독서 시간이 늘고 그

만큼 빠르게 지식을 얻을 수 있게 되는 것입니다.

5. 모르는 단어는 반드시 찾아본다

부지는 '명확하지 않은 단어'와 '이해할 수 없는 해석'을 계기로 발견할 때가 많습니다. 한 책장당 한 권 독서를 하면 놀랄 정도로 '모르는 것'이 많다는 사실을 깨달을 수 있습니다. 그때 인터넷을 찾아보면 책에 관련된 흥미와 관심을 높일 수 있습니다.

검색은 '문자 입력의 아웃풋'이라고 저는 생각합니다. 기억 정착에 도움이 될 뿐만 아니라 모르는 것을 찾아보는 습관도 들일 수 있습니다. 모르는 것을 검색하는 것이 최대의 공부가 아닐까요? 모르는 것이 많다는 것을 깨닫게 해 줄 한 책장당 한 권 독서로 검색하는 습관도 들입시다.

이 다섯 가지 법칙을 지키면서 '철저히 가볍게' 읽으세요. 마치 게임하듯 매일 한 책장에 한 권씩 책을 정복하는 것입니다. 슬쩍 읽기만 해도 모르던 내용이 본 적 있는 내용으로 바뀌고, 이렇게 1년간 계속하면 '아는 내용인데?' 하는 순간이 확연히 늘어날 것입니다. 물론 지식에 깊이가 없어 누군가 설명해 보라고 요구한다면 설명하기 어려울 수도 있겠지만, 그래도 부지가 줄어 얻을 수 있는 장점들은 일상을 크게 변화시킬 것입니다.

1책장 1권 독서로 부지 줄이기

부지를 줄여서 얻을 수 있는 장점은 세 가지입니다. 어느 것이든 알기만 하면 책을 읽고 싶어지는 멋진 이점입니다. 순서대로 설명하겠습니다.

1. 검색 능력이 향상된다

검색 능력은 지식량과 어휘량에 달려 있습니다. 완전한 부지 상태에서는 검색은 물론이고 검색하려는 생각 자체가 불가능합니다. 1책장 1권 독서로 부지가 줄면 검색 능력이 자연스럽게 향상됩니다.

2. '어려운' 것을 분해할 수 있다

'어려운 것'을 나누어서 생각할 수 있다는 뜻입니다. 어렵다거나 모른다는 것은 간단하지만 모르는 것이 두 개 이상 겹치는 것뿐입니다. 간단하지만 모르는 것의 정체가 바로 미지와 무지입니다.

간단하지만 모르는 것은 분해하면 쉽게 찾아볼 수 있지만, 부지는 다릅니다. 부지는 어려운 것인지 따지기는커녕 인지조차 할 수 없습니다. 따라서 부지를 줄여야 어려운 것을 분해하고 생각할 수 있습니다.

3. 모르는 것이 늘어난다

'아는 것이 많아지면 모르는 것이 늘어난다고?' 하고 의문을 느끼는 사람도 있겠지요. 10년 전, 책을 읽기 시작할 때는 저도 '아는 것이 많아지면 모르는 것이 줄어든다'고 생각했습니다. 이 생각이 뒤집힌 것은 "클레오파트라의 코가 조금만 낮았더라면 세계의 역사는 달라졌을 것이다"라는 말로 유명한 프랑스의 철학자 블레즈 파스칼(Blaise Pascal)의 철학, '지의 구체'를 알고 나서입니다.

파스칼은 "지식은 구체와 같아서 커지면 커질수록 미지와 접하는 부분도 늘어난다"고 말했습니다. 가령 '책 읽는 방법, 글 읽는 방법'을 배우고 나면, 그 뒤에는 '빨리 읽는 방법, 많이 읽는 방법, 외우면서 읽는 방법' 같은 독서법에 대한 미지가 생기겠지요. '빨리 읽는 방법'을 미지에서 기지로 바꾸려면 뇌 과학, 심리학만이 아니라 시야에 대한 지식도 필요합니다. 뇌 과학을 알고 나면 기억의 원리와 언어의 이해까지 미지로 인지합니다. 다시 말해 지식은 알면 알수록 미지와 접할 확률이 높아지며 불어나는 눈덩이와 같습니다.

한 책장당 한 권 독서를 실천하다 보면 부지를 접할 확률이 매우 높아집니다. 전혀 모르던, 그러니까 부지를 인지한 순간 그것은 무지와 미지로 변하고 지식의 둘레는 확장됩니다. 또, 모르는 것이 많다는 사실을 깨달으면 그것은 '호기심'으로 변합니다. 그렇게 얻은 호기심은 저절로 행동으로 변합니다.

1책장 1권 독서는 부지를 입구로 호기심과 지식욕, 행동력을 키우는 마법 같은 독서법입니다. 참고로 '미지에의 깨달음이야말로 행동의 원천'이라는 수많은 연구가 있습니다.

만일 여러분이 일상에서 매일 따분함을 느낀다면 1책장 1권 독서를 시작해 보세요. 지식의 깊이를 알면 여러분도 필시 호기심이 왕성하고 행동적인 사람으로 바뀔 것입니다.

건너뛰지 않고도 빨리 읽는 비법이 있다

속청 독서법

아침 일찍 일어나서 전철을 타고 출근하고 저녁까지 일하고 다시 전철을 타고 퇴근한다. 집에 돌아오면 집안일과 육아, 여기에 부업을 하거나 개입 사업으로 돈을 벌고, 운동이 중요하다고 해서 조깅이나 워킹도 한다.

많은 현대인이 이처럼 바쁩니다. 책을 권할 때마다 "책 읽을 시간이 없어요."라는 말을 얼마나 많이 들었는지 모릅니다. 누구보다 그 심정을 잘 압니다. 저도 그런 생각을 많이

했습니다. 그래서 세운 대책이 1% 독서법이었습니다. 책을 추천하고 얼마나 빠른 시간에 자잘하게 지식을 쌓을 수 있는지 알려 주었지요.

그렇지만 15분의 짬을 낼 체력과 기력이 없는 날도 있기 마련입니다. 그럴 때 추천하고 싶은 독서법이 있습니다. 바로 '듣는 독서'입니다.

예를 들어, 요리를 할 때라면 두 손은 바빠도 귀는 비어 있습니다. 또한, 역에서 집으로 돌아가는 길이라면 글은 읽지 못해도 귀는 비어 있지요. 바쁜 사람일수록 '다른 일하는 시간'을 활용할 수 있는 듣는 독서를 강력하게 추천합니다. 오디오북은 전문 내레이터 혹은 AI가 책을 한 글자, 한 글자 읽어 주는 서비스입니다. 활용법만 익히면 듣는 독서로 엄청난 장점을 누릴 수 있습니다.

스키밍 하지 않고도 '속독'하는 동시에 '정독'할 수 있거든요. 저는 듣는 독서로 1분당 독서 속도를 약 500자에서 약 1,200자까지 끌어올릴 수 있었습니다.

먼저 듣는 독서의 장점을 설명하고 나서, 독서 속도를 올리는 구체적인 방법을 설명하겠습니다.

듣는 독서의 세 가지 이점

제가 듣는 독서를 추천하는 이유는 크게 나눠 세 가지입니다. "독서는 영 안 끌려", "책 읽을 시간이 없어", "독서의 효과를 실감하기 어려워"처럼 독서를 방해하는 잠재적 고민은, 여기서 소개하는 세 가지 이점을 알면 해결할 수 있습니다.

1. 독서의 문턱을 낮춘다

독서가 좋다는 것은 알지만 막상 읽으려니 문턱이 너무 높아서 시작할 수 없다고 느끼는 사람도 많을 것입니다. 저는 독서의 최대 걸림돌이 '능동적인 것', '의미 있는 것', 두 가지라고 생각합니다. 의미 있는 것이란 바꾸어 말하면 가치 있는 것입니다.

많은 사람이 가치를 따집니다. 지식을 얻는다, 돈을 얻는다, 시간을 만든다 등등 수도 없이 많은 곳에서 가치를 따지지요. 그렇다면 독서도 인생에서 의미 있는 것이라고 인식하는 사람이 많지 않을까요?

의미 없는 것의 대표 격으로는 게임과 유튜브를 들 수 있습니다. 인생에 좋은 영향을 주지 않고 시간만 낭비하는 행동을 가리켜 인간은 의미 없는 짓이라고 말합니다. 그렇다면

'의미 있는 행동만 하면 돼!'라고 결심하면 되지 않을까요?

그러나 말처럼 간단하지 않습니다. 의미 있는 행동을 하려면, 스스로를 변화시키고 그로 인해 결과가 나와야 합니다. 여러 번 설명했듯이, 인간은 원래 변화를 싫어하는 생물입니다. 변화에 필요한 의미 있는 행동을 하기 싫어서 온몸으로 거부하고 무의식적으로 재미있는 것만 계속합니다.

만약 게임이나 유튜브 등을 일의 연장선에서 하면 어떨까요? 대부분 '오늘은 하고 싶지 않아.'라며 하지 않을 이유를 수만 가지 생각해 낼 것입니다. 다시 말해 능동적으로 의미 있는 행동만 해야 된다는 생각이 독서의 문턱을 높인다고 할 수 있습니다. 그래서 듣는 독서를 추천하는 것입니다.

듣는 독서는 능동적이 아니라 수동적으로 즐길 수 있습니다. 한번 재생하면 다른 일을 하는 중에도 수동적으로 독서할 수 있는 것입니다. 물론 능동적인 독서가 기억 효율이 높지만, 독서가 하고 싶은데 좀처럼 시간을 내지 못하고 흘려보내는 것보다는 생산적이지 않을까요? 능동적이 아니라 수동적, 이 차이가 독서의 문턱을 훌쩍 낮춰 줍니다.

2. 귀가 후 한가한 시간이 배우는 시간이 된다

현대인은 모두가 바쁩니다. 잠, 식사, 일을 제외하고 자유롭게 쓸 수 있는 여유 시간은 거의 0에 가깝다고 할 수 있습니다. 그런데 여유 시간에 쓰이는 오감은 주로 시각입니다. 이렇게 눈을 쓰고 귀가 비는 시간인 셈입니다. 일상생활의 여러 활동을 모아 생각해 봅니다.

- 통근 시간
- 운동과 산책 중
- 일의 점심시간(작은 휴식)
- 저녁밥을 장보는 시간
- 짧은 대기 시간
- 자기 전 시간
- 집안일하는 시간(청소 · 요리 · 빨래)

하루 동안 귀가 쉬는 시간을 모두 합하면 총 몇 시간이나 되나요? 대부분 두 시간이 넘을 듯합니다. 만약 매일 두 시간씩 듣는 독서를 한다고 해 봅시다.

- 비즈니스 책 3~6시간
- 번역서 6~9시간

오디오북의 평균 재생 시간을 따져 보면, 1배속으로 들어도 3일 만에 책 한 권을 모두 들을 수 있는 분량입니다. 매일 두 시간씩 책을 듣는다면, 단 3일이면 한 권의 지식을 머릿속에 집어넣는 것입니다. 1년 동안 꾸준히 하면 어떻게 될까요? 생각만 해도 가슴 설레는 수치가 아닌가요?

3. 사용 어휘량이 극적으로 늘어난다

어휘량은 '말을 배운다 → 여러 번 본다 → 쓸 수 있는 말이 된다'는 과정을 거쳐야 늘어납니다. 그런데 한 가지 의문이 있습니다. 우리는 평소 일상에서 말의 홍수 속에 살고 있다고 할 수 있습니다. 정보가 넘쳐 나는 세상이니까요. TV나 유튜브, 트위터와 인스타그램, 뉴스 사이트를 보면 '말을 배운다 → 여러 번 본다(듣는다)'는 과정을 거칠 텐데 왜 어휘력에 자신 없는 사람, 척 보기에도 어휘량이 부족한 사람이 많은 것일까요?

'정보량이 너무 많아서'라는 가설을 세우고 한번 생각해 보았습니다. 책에는 소리도 영상도 없습니다. 정보량이 가장 적은 미디어입니다. 그에 비해 TV와 유튜브에는 영상과 소리가 있습니다. 정보량이 압도적으로 많습니다. '정보가 많다'고 하면 전달이 제대로 되지 않을지도 모르니 다르게 말해 보겠습니다. '문자 외에 정보를 전하는 방법이 있다.' 바로 그것이 영상 미디어입니다.

얼핏 큰 장점으로 느껴지지만, '문자 외에도 정보를 전하는 방법이 있다'는 것이 어휘량 부족의 원인입니다. TV와 유튜브를 보면 설명하기 위해 '말을 신중하게 고르기'보다 극단적인 인기 단어를 쓰는 장면이 압도적으로 많습니다. 쓰인 단어를 적어 보면 "쩐다", "대박" 같은 유형어들이 줄줄이 나옵니다. 인스타그램과 트위터도 마찬가지입니다. 단적인 의미의 인기 단어만 줄줄 나오니, 말의 홍수에도 불구하고 전혀 어휘가 늘어나지 않는 것이지요.

어휘력에 대해 수많은 책을 세상에 내놓은 다이토분카대학교 문학부 교수 야마구치 요지는 다음과 같이 말합니다.

> TV나 인터넷에서 시작된 유행어에는 한마디로 전달되는 임팩트가 있는 반면에 그 말만 쓰게 되는 폐해도 있습니다. 가령 지금은 온갖 상황에 쓰이는 '대박'이라는 말을 생각해 봅시다. 대박이라는 말만 쓰다 보면, 그 말을 쓰기 전에는 어떤 표현을 썼는지 기억하지 못하는 사람이 늘어납니다. 간단하고 알기 쉬운 이런 말은 그때까지 있던 어휘를 없애는 위력이 있는 것입니다.

어휘가 늘기는커녕 줄어듭니다. 어휘는 많이 접한다고 해서 무조건 늘지 않습니다. 그래서 듣는 독서를 추천하는 것입니다.

앞에서도 말한 것처럼, 책은 정보량이 가장 적은 미디어입니다. 모든 것을 말로 설명하고 묘사해야 합니다. 모든 장면을 적절한 어휘로 표현해야 하는 것입니다. 그런 어휘를 뭉치로 들을 수 있는 것이 바로 듣는 독서입니다.

'말을 배운다 → 여러 번 본다 → 쓸 수 있는 말이 된다'는 어휘력을 높이는 흐름에서 보자면, 수동적으로 좋은 말을 많이 들을 수 있고 뉘앙스도 쉽게 포착할 수 있습니다. 어떤 미디어를 선택하느냐에 따라 어휘량이 달라집니다. 듣는 독서에는 정보화 사회라서 가능한 커다란 은혜가 있다고 할 수 있습니다.

듣는 독서에도 단점은 있다

지금까지 듣는 독서의 장점만 설명했는데, 당연히 단점도 있습니다. 종이로 책을 읽을 때에 비해 이해도가 낮아진다는 점입니다. 숱한 원인이 있겠지만, 가장 큰 이유는 다시 읽기 어렵다는 것입니다. 무의식 중에 하는 일이라 많은 독자가 알아차리지 못했을 수도 있지만, 인간은 독서 중 10~15% 정도는 읽은 곳을 다시 읽습니다. 첫머리부터 결말까지 쭉 읽는 것이 아니라 '이해하기 위해' 때로는 다시 돌아가서 읽기도 합니다. 이 점을 의식하면서 책을 읽어 보세요. 다시 읽는다는 사실을 확실히 체감할 것입니다.

때때로 다시 읽지 않으면 이해도가 떨어질 뿐만 아니라 이해 자체가 불가능해지기도 합니다. 이것이 듣는 독서와 읽는 독서의 명확한 차이입니다. 뒤로 감아서 다시 들을 수도 있겠지만, 대개는 귀찮아서 그렇게 하지 않습니다.

장점으로 꼽은 귀가 한가한 시간을 활용할 때의 단점도 있습니다. 도쿄전기대학교 이소노 하루오 팀은 '전자책 읽기 및 듣기를 한 경우의 뇌 활성화와 내용 이해도'를 조사하려고 ① 시각을 활용하여 책 내용을 이해하는 읽기 그룹, ② 청각을 활용하여 책 내용을 이해하는 듣기 그룹, 총 두 가지로 나누어 전자책을 이용할 때의 이해도를 측정했습니다.

결론부터 말하자면 두 그룹에 '유의한 차이'는 없었습니다. 다시 말해, 이해도 면에서 '오디오북=전자책'라는 것이지요. 그런데 아무리 생각해도 한 번 들을 때보다 한 번 읽을 때 이해도가 더 높을 것 같지 않나요? 이것이 귀가 빈 시간에 지식을 얻을 때의 문제입니다.

듣는 독서를 할 때 인간은 기본적으로 다른 일을 합니다. 요컨대, 멀티태스킹을 하는 것이지요. 멀티태스킹을 할 때는 듣는 독서에만 집중하는 것이 아니기에 당연히 이해도가 떨어집니다. 장점인 귀가 빈 시간에 다른 일을 하는 것이, 한편으로는 이해도를 떨어트리는 단점이 되는 것입니다.

단, 이해도가 떨어진다고 해도 '1'만큼의 지식은 생겨납니다. 읽지도 않고 듣지도 않으면 그냥 '0'입니다. 무언가 다른 일을 하면서라도 듣는다면 지식의 파편이라도 주울 수 있습니다.

단점을 고려하더라도 듣는 독서의 가치는 큽니다. 다만, 평소 책을 읽는 사람이라면 겨우 이 정도 장점 때문에 듣는 독서까지 할 필요는 없겠다고 생각할지도 모릅니다. 솔직히 저도 평소에 책을 읽는 사람에 속하기 때문에 이 세 가지 장점이 매우 중요하다고 생각하지는 않습니다.

그러면 왜 듣는 독서를 하는가? 그것은 바로 '속청할 수 있기 때문'입니다.

머리가 좋다는 말의 정체

속청에 대해 말하기 전, 뇌의 구조에 대해 잠시 설명하겠습니다. 뇌에는 '전두엽'이라는 곳이 있습니다. 전두엽은 이해력, 판단력, 결단력 등을 총괄하며 '사고'에 있어 중요한 역할을 담당하는 부위입니다. 이 전두엽이 활성화되면 의욕이 생기고, 뇌의 회전이 빨라지며, 정보 처리 능력을 비롯하여 의사 결정 속도가 빨라집니다.

다시 말해 '머리 회전이 빠른' 사람은 지능이 높고 전두엽이 활성화된 사람이라고도 볼 수 있습니다. 그러면 어떻게 전두엽을 활성화할 수 있을까요? 몇 가지 수단이 있는데, 저는 속청을 강력하게 추천합니다.

도호쿠대학교의 가와시마 류타 교수, 니혼대학교 종합과학연구소의 다이라 마사토 교수, 교토대학교의 구보다 기소우 명예 교수의 공동 연구(직책은 당시)에서는 다음같이 설명합니다.

> '속청'을 경험하지 않은 피험자 25명(남성 20명, 여성 5명, 평균 연령 20.1세)에게 올바른 문장과 비문을 섞은 문장의 이해 과제를 1배, 1.5배, 2배, 2.5배의 속도로 들려준 다음 올

바른 문장과 비문을 골라내기 위해 과제를 집중해서 듣는 상태에서 뇌의 움직임이 어느 정도 활성화되는지를 f-MRI로 측정했다. 그 결과, 피험자의 뇌 내 언어 영역이 통상 속도의 음성을 들을 때와 달리 '속청' 시에 더 활성화된다는 결론에 이르렀다.

'속청한다 → 전두엽이 활성화된다 → 머리가 좋아진다'는 흐름입니다. 머리가 좋아진다는 말이 너무 추상적이라 속청으로 얻은 이점을 소개해 보려 합니다.

1. 대화에 여유가 생긴다

속청에 익숙해지면 대화를 나눌 때 생각할 수 있는 여유가 생깁니다. 또 흘려들어서 중간에 놓친 말도 머릿속에서 보충되어 "뭐?" 하고 다시 묻는 일이 줄어듭니다.

2. 독해력이 향상된다

전두연합야가 활성화되어 이해력이 높아집니다. 이에 따라 문장을 머릿속에서 구축하는 속도가 빨라집니다. 그전에는 여러 번 읽어야 이해할 수 있던 문장의 구조를 한 번에 이해할 수 있습니다.

3. 말이 막히는 일이 줄어든다

마찬가지로 전두연합야가 활성화되면서 머리 회전이 빨라지고 설명 능력이 좋아졌습니다. 속청을 하고 나서부터는 말이 술술 나와서 프레젠테이션과 세미나 발표도 어려움 없이 할 수 있었습니다.

속청 기술은 간단히 터득할 수 있다

머리가 좋아진다고 하니 속청하고 싶어지지 않나요? 여기에 저의 속청 방법에 대해 설명하겠습니다. 속청 방법은 극히 간단합니다. 듣는 독서의 속도를 천천히 올리기만 하면 됩니다.

구체적으로 설명하겠습니다. 어느 플랫폼 서비스를 이용하든 상관없으니, 좋아하는 책으로 듣는 독서를 하면서 천천히 속도를 올려 보세요.

- 처음에는 1배속부터 시작했다가 1주일 후에는 1.5배속으로 듣는다.
- 한 달 후에는 2배속으로 듣는다.

• 3개월 후 3배속으로 듣는 것을 목표로 한다.

이렇게 하면 어렵지 않게 속청을 익힐 수 있습니다. 처음부터 3배속으로 들으면 낭독자가 하는 말을 이해하기 어려워 좌절하기 쉽습니다. 그렇지만 익숙해지면 4배속으로 들어도 잘 들립니다. 참고로 제 경우는 속청을 시작하고 6개월 만에 4배속으로 듣는 데 익숙해졌습니다. 덧붙여 말하면 오디오북을 1배속하는 경우, 낭독자는 1분 동안 약 300자의 속도로 읽어 내려갑니다. 그 4배를 들을 수 있다는 말입니다.

한 권당 재생 시간

- 자국 비즈니스 책: 3~6시간
- 해외 비즈니스 번역서: 5~12시간
- 소설, 에세이: 2~8시간

이는 오디오북의 '1배속으로 처음부터 마지막까지 연속으로 들을 때의 평균 시간'입니다. 만약에 2배속으로 들을 수 있다면 1분 동안 약 600자를 들을 수 있습니다. 평균 독서 속도에 따르면 비즈니스 책은 1.5~3시간이면 완독할 수 있습니다. 3배속이라면 1분간 약 900자를 들을 수 있으니, 비즈니스 책은 1~2시간 만에 완독 가능합니다. 4배속이라면 1분 동안 약 1,200자입니다. 국내 비즈니스 책을 45분~1.5시간 만에 다 읽을 수 있는 것입니다. 이쯤해서 듣는 독서와 속독의 이득을 정리하겠습니다.

듣는 독서의 이득

- 독서의 문턱을 낮춘다.
- 귀가 빈 시간이 배우는 시간이 된다.
- 사용 어휘량이 극적으로 늘어난다.

속독의 이득

- 머리가 좋아진다.
- 빠르게 많이 읽을 수 있다.

이것만으로도 해 볼 만한 가치가 있다고 할 수 있습니다. 간단히 할 수 있고, 많이 읽을 수 있고, 이득도 있습니다. 두 마리 토끼가 아니라 세 마리, 네 마리 토끼를 얻을 수 있는 마법의 독서입니다. 게다가 조금만 더 머리를 쓰면 속청과 독서를 합쳐 속청 독서로 정독(한 글자, 한 글자 공들여 읽는) 속도도 높일 수 있습니다.

빨리 읽으려면
'익숙해짐'이 필요하다

5년쯤 전까지 저는 1분에 약 500자를 읽을 수 있었습니다. 지극히 평균적인 수치입니다. 지금은 1분에 약 1,200자까지 읽을 수 있습니다. 어떻게 두 배나 상승한 것일까요?

독서 속도를 결정하는 요소에는 지식량, 어휘량, 독해력 세 가지가 있습니다. 이론상 독서 속도는 이 세 가지 힘으로 구성됩니다. 지식량, 어휘량은 독서로 늘리고, 독해력은 속청으로 향상시킬 수 있습니다.

하지만 이 세 가지가 나아진다고 해서 정독이 극적으로 빨라지지는 않았습니다. 건너뛰며 읽는 것이 전제인 스키밍은 지식량, 어휘량, 독해력에 따라 바로 속도를 체감할 수 있지만, 한 글자, 한 글자 공들여 읽는 정독에 걸리는 시간은 크게 차이나지 않았습니다.

차를 운전하다고 상상해 봅시다. 이론상으로는 성능을 올리면 최대 속도가 올라가지만, 실제로 속도를 올리는 것은 운전사입니다. 요컨대, 책을 빨리 읽으려면 이러한 구조를 아는 것과 더불어 향상된 성능 이외에 '익숙함'이 필요하다는 말입니다.

속청과 독서를 합친
속청 독서

'이 정도의 속도로도 읽을 수 있고 이해할 수 있다'고 체감해야 빨리 읽을 수 있습니다. 제가 4배속으로 듣는 독서와 눈으로 읽는 독서를 합친 '속청(빠르게 듣는) 독서'를 시작한 까닭입니다.

AI가 읽어 주는 듣는 독서×읽는 독서

속청 독서에는 여러 방법이 있는데, 가장 쉬운 방법은 전자책 서비스를 이용하는 것입니다. 여러 서점이 제공하는 전자책 서비스에서는 텍스트 읽기 기능을 활용하여 AI에게 책을 읽게 할 수 있습니다. 다시 말해, AI가 읽어 주는 셈입니다. AI의 목소리를 들으면서 함께 화면을 읽습니다. 참고로 읽는 방법은 단말기 기종에 따라 다릅니다.

소리와 속도는 언제든 변경할 수 있습니다. 본인에게 편한 설정이 완료되면 책을 불러오세요. 설정 메뉴에서 읽는 속도를 변경할 수 있습니다. 어느 디바이스든 읽기 설정이 완료되면 소리를 들으면서 속도에 맞추어 화면의 문장을 읽어 주세요. 빨리 들을 수 있을 뿐만 아니라 빨리 읽고 있다는 사실을 체감할 수 있을 것입니다. 속청의 도움을 받으면 내용의 이해도도 높아집니다. 가장 큰 이득은 정독할 때의 속도도 빨라진다는 점입니다.

속청 독서를 하면 저절로 한 글자, 한 글자 확실하게 읽으며 정독하게 됩니다. 4배속이라면 1분간 1,200자의 책을 정독할 수 있습니다. 그러면 속청을 그만둔 뒤에도 독서 속도가 빨라진 것을 알게 될 것입니다. 이것이 1분에 500자를 읽던 제가 독서 속도를 배로 늘린 비법입니다. 즉, 읽는 독서와 속청을 합쳐 다음의 이득을 얻을 수 있습니다.

- 독서의 문턱을 낮춘다.
- 귀가 빈 시간이 배우는 시간이 된다.
- 사용 어휘량이 극적으로 늘어난다.
- 머리가 좋아진다.
- 빠르게 많이 읽을 수 있다.

이런 이득들을 생각하며 속청으로 더 밀도 있게 독서를 즐겨 보시기 바랍니다.

지식을 써먹는 가장 쉬운 방법
아웃풋

"책은 읽고 끝내는 것이 아니라 아웃풋이 중요합니다."

이런 말을 들으면 "알고 있어요!"라고 되받아치고 싶은 여러분의 마음, 고통스러울 정도로 잘 알고 있습니다. 저도 아웃풋이 아주 싫었습니다. 오락으로써 가볍게 즐기며 읽는 것이 좋았습니다. 그렇지만 솔직히 독서하는 시간에 자연스럽게 배우는 시간이 된다면 더 바랄 것이 없을 것입니다.

가장 간단하고 효율적인 방법을 쓰면 쉽게 '지식'으로 기억할 수 있지 않을까? 귀차니스트인 저답게 얄팍하게 생각했습니다. 그러다 '일정 기간에 세 번 아웃풋 하면 기억에 남는다'는 통설을 접했습니다.

이 통설은 독일의 심리학자 헤르만 에빙하우스(Hermann Ebbinghaus)가 고안한 '에빙하우스의 망각 곡선(Forgetting Curve)'을 토대로 합니다. 에빙하우스의 망각 곡선이란 인간의 망각 메커니즘을 간단하게 나타낸 그래프입니다.

책과 잡지, SNS 등에서 "인간은 20분에 43%, 한 달 지나면 67%를 잊고, 한 달 후에는 79%를 잊으니 복습하는 것이 중요합니다"와 같은 말을 본 적이 있지 않나요? 그러나 이 통설은 틀렸습니다.

원래 에빙하우스는 '망각 곡선'이라고 정의하지 않았습니다. 그가 논문에서 다룬 내용은 어디까지나 "생각해 내기 위해 걸리는 시간을 얼마나 줄일 수 있는가"인 '절약률'과 시간이 지남에 따라 얼마나 잊어버리는가인 '망각률'에 대한 추정입니다.

이 논문은 지금으로부터 약 140년 전 발표됐습니다. 피험자도 에빙하우스 본인 하나로, 샘플이 하나밖에 없는 상태에서 결론까지 냈습니다. 다른 사람을 피험자로 쓴 경우에도 같은 수치가 나올 가능성이 분명하지 않은 것이지요. 에빙하우스도 논문 안에서 이를 언급합니다. 냉정하게 생각해 보세요.

- 어제 친구와 본 영화 내용의 67%를 잊어버렸다.
- 어제 열린 회의 내용의 67%를 잊어버렸다.

어딘가 거부감이 들지 않나요? 원래 관심 분야와 관심 없는 분야의 기억 정착도는 전혀 다릅니다. 누구나 체감하는 사실입니다. '기억'도 '망각'도 '상기'도 그렇게 단순한 것이 아닙니다. 오해를 무릅쓰고 말하자면, '에빙하우스의 망각 곡선을 인용한 최적의 학습 사이클'은 썩 믿을 만한 것이 못됩니다. 그러면 어떻게 하면 좋을까요? 여기에서는 수없이 많은 아웃풋 방법 중 제가 추천하는 구체적인 방법과 아웃풋의 문턱을 낮추는 시책을 설명하려 합니다.

먼저 '아웃풋'이 무엇인지 자세히 뜯어봅시다. 저는 아웃풋이 싫습니다. 왜냐하면 지식을 활용하려면 '생각해야' 하고, 생각하는 것은 귀찮기 때문입니다. 많은 사람의 속마음을 대변한다고는 해도 '귀찮아서'라고 한마디로 끝내 버리면 좀 그렇지요? 저는 만사가 귀찮은 사람이라 이를 해소하기 위해 매번 둘로 나눠서 생각합니다. 바로 '효율화'와 '습관화'입니다.

귀찮은 일은 하루에 여러 번 하기보다는 한 번에 달성할 수 있도록 효율을 높입니다. 매일 꾸준히 할 수 있도록 습관을 들이기 위한 체계를 만듭니다. 이 두 가지만 철저하게 규명 하면 '귀찮은' 일을 최소한으로 줄일 수 있습니다.

여기에 덧붙여야 할 것이 하나 더 있습니다. 바로 아웃풋의 목적입니다. 여기에서는 '사회인으로서 배우기 위해'서라고 정의해서 생각합니다. 그러면 목적은 '기억하는 것'이 아니라 '활용하고 성장하는 것'이 되겠지요. 다시 말해 성장하고 활용하는 것을 전제로 '효율화', '습관화'하여 자기 자신을 발전시키는 것이 목적입니다.

'활용하고 성장하는 것'을 염두에 두고 효율화와 습관화하려면 어떻게 하면 좋을까요? 가장 처음 소개한 1% 독서법에 맞춰 실천할 수 있도록 나누어 설명하겠습니다.

아웃풋 효율을 올린다

아웃풋이란 너무 추상적이고 포괄적인 표현입니다. 너무 뭉뚱그려 놓아서 '무엇을 해야 할지 모르는' 사람이 많지 않은가요? 가령 '종이에 쓴다'는 행동을 이야기해 봅시다.

① 책에 써놓은 지식을 그대로 베껴 쓴다.

② 프레임을 활용하여 생각하면서 적용시킨다.

누가 보더라도 ②번이 '활용할 수 있는' 지식입니다. 여기에는 생각을 하고, 안 하고의 차이가 있습니다. 다른 사례도 들어 봅시다. '다른 사람에게 알려 주는' 행동에 관해 서로 이야기해 봅시다.

① 책에 쓰여 있는 지식을 그대로 말한다.

② 다른 사람에게 알려 주려고 자기 식대로 말을 바꿔 말한다.

양자를 비교할 때, 역시 ②번이 '활용'에 성공한다고 말할 수 있습니다. 여기에서도 생각을 하고, 안 하고의 차이가 납니다. 각각의 사례에서 ②번에 해당하는 사람은 평생 잊을 수 없는 지식을 얻을 것입니다. 한편, ①번에 해당하는 사람은 결국 아무것도 기억하지 못해서 아무것도 활용하지 못할 것입니다.

비교해 보면 한 번 보고 대번에 알 수 있을 만큼 분명하고 뚜렷한데, '지식을 활용하여 성장하는 것'을 염두에 두면 '생각하는' 행위를 끼워 넣어야 한다는 것을 알 수 있습니다. 생각하는 행위를 끼워 넣으면 양질의 아웃풋이 되고, 끼워 넣지 않으면 구멍이 많고 허술한 아웃풋이 되는 것입니다.

지식을 활용하기 위한 러닝 피라미드

러닝 피라미드란 '학습 방법과 학습 정착률'을 피라미드 모양으로 체계화한 이론입니다. 말하자면 액티브러닝(능동적 학습 '토론하기, 가르치기 등')의 중요성을 설명할 때 쓰이는 개념입니다. 미국의 연구 기관이 발표한 러닝 피라미드는 아웃풋 효율을 생각할 때 매우 참고가 됩니다. 하지만 오해가 생기지 않게 미리 말해 두자면, 액티브러닝도 너무 신봉하면 안 됩니다.

미나미야마대학교 인문학부 심리학과의 츠지야 고지는 논문을 통해 "전부터 '이 모델은 어딘가 수상하다'라는 의견이 있어 그 출처를 다시 조사한 결과, 러닝 피라미드의 수치도 계층 순서도 실증적 근거 있는 것은 아니라는 결론이 나왔습니다"라고 주장하기도 했습니다.

또 구체적으로 수치는 다음과 같이 설명할 수 있습니다.

“우리는 10개를 들으면 2개밖에 기억하지 못한다. 우리는 10개를 보면 5개를 기억하고, 10개를 만지면 7개를 기억하고 10줄 중 9줄을 기억한다” 다시 말하자면, 수치가 끼워 맞춰졌다는 것이지요.

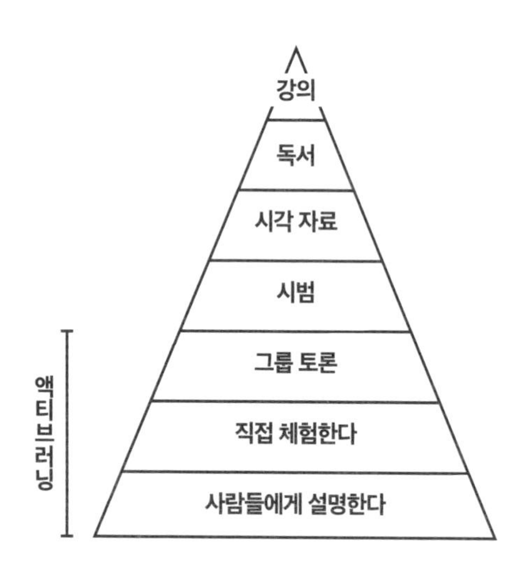

비판하기 위해 러닝 피라미드를 소개하는 것은 아닙니다. 저는 그럼에도 불구하고 러닝 피라미드를 활용하려면 어떻게 해야 하는지 설명하려고 합니다. 러닝 피라미드는 구체적인 수치에 대해 과학적 근거가 전혀 없습니다. 인풋과 아웃풋을 ‘인풋<아웃풋’으로 표현하는 싸구려 모델이지요. 하지만 ‘직접 체험하는 것’과 ‘다른 사람에게 설명하는 것’이 학습

정착률을 최대한으로 높여 준다는 사실은 제 경험적으로 옳습니다. 이것을 실제로 체험하려면 다음의 두 가지가 필요합니다.

- 어느 타이밍에 써먹을지 생각한다.
- 써먹을 때까지 기억한다.

이렇게 하면 얻은 지식을 스스로 한 번 더 숙고하는 과정을 거치므로 쓸모 있는 기억으로 인식되어 장기 기억이 될 가능성이 높습니다. 다른 사람에게 설명하는 것도 마찬가지입니다.

- 정확하게 이해한다.
- 상대가 이해할 수 있는 말로 바꿔 말할 수 있다.
- 독창적으로 비유 표현을 쓸 수 있다.

이 세 가지가 합쳐져야 생각을 실천으로 옮길 수 있습니다. 직접 체험함으로써 '쓸모 있는 것인지, 아닌지'를 깨우치고, 다른 사람에게 설명함으로써 정확하게 이해할 수 있습니다. 구체적인 예시를 풍부하게 들고 표현을 적절하게 구사하는 사람에게 "어떻게 그렇게 비유와 설명을 잘합니까?"라고 물으면 대체로 "과거에 어떻게 하면 사람들에게 알기 쉽게 설명할 수 있을지 생각했거든요."라는 대답이 돌아옵니다. 생각하고, 체험하고 다른 사람에게 설명하면 그 경험으로 평생 잊을 수 없는 지식을 얻을 수 있습니다.

'활용하고 성장하는 것'을 염두에 두고 아웃풋을 효율화할 때 잊지 말아야 할 포인트는 무엇일까요? 바로 '직접 체험해 볼 것', 그리고 '다른 사람에게 설명해 볼 것'입니다.

아웃풋 내는 것을 습관화한다

어떻게 하면 효율적으로 아웃풋을 할 수 있는지 이해하고 난 후에는 어떻게 하면 매일 순조롭게 아웃풋을 낼 수 있을지 알아야 합니다 지금부터는 습관화에 관해서 설명하려 합니다.

습관화는 '변덕'과 대치되는 말입니다. 변덕이란 그때그때 기분에 따라 결정하는 것입니다. 그 와중에 '어떻게든 하지 않으면 안 돼'라고 의지의 힘에 기대어 무언가 하려는 것은 뇌에 큰 부담을 줄어든다는 사실이 여러 연구에서 밝혀졌습니다.

뇌에 부담을 주면 지쳐서 몸이 변하지 않는 방향으로 자연스럽게 움직입니다. 이것이 아웃풋이 어려운 이유입니다. 그러면 습관 형성에 관한 지식을 배우고 직접 실행해 보려는 행동도 선뜻 나서서 하기 어렵습니다.

이런 문제를 해소하기 위해 제가 내린 결론은 '습관을 들이기 위해 무언가 하기보다 변덕을 없애기 위해 규칙을 정한다'는 것입니다. 사물을 덧셈하듯 바라보면 변화를 거부하는 자아가 이를 방해합니다. 그런데 변덕을 뺄셈하듯이 생각하면 어떻게 될까요? 생각해야 할 과제가 줄어들면서 나중에 편안해지기 위해 지금 당장 움직이게 될 것입니다.

변덕 방지책
If-then 플래닝

그래서 추천하고 싶은 것이 If-then 플래닝(if-then 법칙)입니다. If-then 플래닝이란 사회심리학자이자 컬럼비아대학교의 동기부여센터 부소장을 맡고 있는 하이디 그랜트 할버슨(Heidi Grant Halvorson) 박사의 저서 《작심삼일과 인연 끊기》에서 주장한 '습관을 만드는 최강의 기술'입니다. 구체적인 행동은 다음과 같습니다.

- 배고프면 견과류를 먹는다.
- 침실에 들어가면 15분 동안 유연체조를 한다.
- 아침에 일어나면 맨 처음 이를 닦는다.

이렇게 'A 하면 B 한다', 'A 되면 B 한다', 'A를 느끼면 B 한다'같이 행동에 규칙을 설정하는 것이 If-then 플래닝입니다. 습관 형성 기술이라고 하는데 저는 '변덕 방지책'으로 부릅니다. 해야 할 행동과 조건을 하나로 묶어 생각할 틈도 없이 빠르게 행동으로 옮기는 것입니다.

멘탈리스트 다이고의 저서 《단기간에 '좋은 습관'이 길러지고 인생이 뜻하는 대로 된다! 초습관술(短期間で〝よい習慣〟が身につき、人生が思い通りになる！超習慣術)》에도 If-then 플래닝을 소개했습니다.

인간은 원래 '적이 나타나면 도망친다', '맛있어 보이는 음식을 발견하면 가지러 간다'같이 '어떤 상황이 일어나면 이 행동을 한다'라는 생존을 위해 유리한 If then 플래닝을 몇 개나 뇌에 새겨 놓고 진화한 생물입니다.

이렇게 If then 플래닝이란 인간이 무의식 중에 쓰는 시스템 중에서도 '뇌가 가장 쉽게 이해하는 문법'인 셈입니다.

다시 말해, '상황 설정'을 하는 것은 뇌 구조의 관점에서도 명확한 변덕 방지책이라고 할 수 있습니다.

If-then 플래닝과 To Do 리스트의 차이

비슷한 것으로 'To Do 리스트'가 있습니다. To Do 리스트와 If-then 플래닝의 차이는 '할 일'만 정의하는 To Do 리스트에 비해 If-then 플래닝은 '상황, 타이밍'을 설정한다는 점을 꼽을 수 있습니다. 딱 하나, '상황 설정'에 차이가 있는 것입니다.

하이디 그랜트 할버슨 박사의 연구에 따르면 If-then 플래닝을 쓰면 To Do 리스트를 단순하게 정할 때보다 실행할 수 있는 확률이 두 배에서 세 배로 높아지는 것을 알 수 있습니다. 나아가 뉴욕대학교의 교수이자 심리학자인 피터 골위처(Peter Gollwitzer)가 94년에 과거 데이터를 정리한 메타 분석에서는 마찬가지로 If-then 플래닝을 쓰면 목표를 쉽게 달성한다는 사실이 밝혀졌습니다. 심지어 그 효과량은 0.65라고 논문에서 설명합니다. 이 수치가 얼마나 놀라운 효과인지 설명하겠습니다.

원래 효과량이라는 이론을 실천하여 효과를 얼마나 얻을 수 있는가를 수치화한 것입니다. 앞에서 소개한《단기간에 '좋은 습관'이 길러지고 인생이 뜻하는 대로 된다! 초습관술》의 설명을 바탕으로 효과량을 설명합니다.

- 효과량이 0이면 아무 영향도 없다.
- 효과량이 마이너스 1이면 역효과가 난다.
- 효과량이 1이면 이론대로의 결론이 나온다.

이렇게 정의됩니다. 참고로 수치에 대해 이어서 설명합니다.

- 효과량 0.3 이상: 효과를 충분이 인정할 수 있으며 시도할 가치가 있다.
- 효과량 0.5 이상: 우선적으로 실행해야 할 수준이다.

세상에는 다양한 심리 효과가 있는데, '효과가 높다'고 떠드는 것 중에서도 효과량 0.5를 넘는 것은 거의 없다고 합니다. '0.65'를 기록한 If-then 플래닝 효과는 의심할 여지가 없다고 할 수 있습니다. 'A 하면 B 한다', 'A 되면 B 한다', 'A를 느끼면 B 한다'라고 행동에 규칙을 설정하기만 해도 좋은 if-then 플래닝입니다. 실제로 해 볼 때 주의해야 하는 포인트는 있습니다. 바로 매일 할 수 있는 조건을 다는 것입니다.

매일 이를 닦듯, 무의식 수준으로 행동하는 '습관'이 생기기까지는 매일 꾸준히 하는 것이 중요합니다. 사람들은 '습관 형성에는 21일이 필요하다', '아니다, 66일이다'라는 말을 자주 합니다. 사실 문제는 날짜가 아닙니다. 중요한 것은 '무의식적으로 행동할 때까지 얼마나 반복하는가'입니다.

"오늘은 첫째 날, 둘째 날, 셋째 날……" 하고 매일 반복해서 실천해야 습관을 들이고 싶은 행동의 문턱이 나날이 낮아집니다. 따라서 If-then 플래닝을 실천할 때는, 매일 실행하는 행동의 연결선상에 있는 것을 '습관 들이고 싶은 과제'로 설정하는 것이 효과적입니다.

제가 이 책에서 소개하는 독서법의 핵심은 매일 15분을 읽고 하루 1%의 지식을 기르는 것입니다. 당연히 습관으로 들여야 합니다. If-then 플래닝으로 일상에서 이 독서법들을 실천하고 습관화하려면 어떻게 해야 할까요? 구체적인 방법을 간단히 소개합니다.

- (A) 밤 11시가 되면 이 닦고, (B) 서재로 가서 15분 동안 (1%) 독서를 한다.
- (A) 독서를 15분 하면, (B) 침대에 누워 생각하면서 잔다.
- (A) 아침에 이를 닦을 때, (B) 전날 쌓은 1% 지식을 상기하며 실행할 타이밍을 If-then으로 정한다.
- (A) 오후 5시까지 실행하지 못하면(실행하지 못한 지식의 경우를 포함), (B) 메모에 적어서 정리한다.
- (A) 저녁을 먹고 나서, (B) 1% 지식을 SNS에 올린다.

저의 생활을 바탕으로 구체적인 예를 들어 봤습니다. 여러분의 행동 습관에 맞춰 조건을 달고, 습관 들이고 싶은 과제를 적어 보세요. 특정한 순간을 전기로 삼으면 순조롭게 실행할 수 있다는 것을 10년간 실감했습니다.

이 순간은 언제로 잡든 좋습니다. 출퇴근하는 통근 전철에서 해도 좋고, 머리카락이 길다면 머리를 감은 후 드라이어로 머리카락을 말리는 시간을 '상기'하는 시간으로 정해도 좋습니다. 개인적으로는 특히 이 닦을 때를 추천합니다. 부디 If-then 플래닝으로 독서를 습관화해 보세요.

바로 실행할 수 있는 지식과 차근차근 쌓아올리는 지식

지식에는 크게 두 가지 종류가 있습니다.

① 당장에 실행할 수 있는 지식

② 사고에 도움이 되는 축적형 지식

만약 여러분이 영업직으로 일하고 있다면 다음과 같은 지식은 '① 당장 실행할 수 있는 지식'으로 분류됩니다.

- 잡담을 활용하여 분위기를 풀어 주는 아이스브레이킹 지식
- 상사에게 순조롭게 보고하는 "3분 정도 시간 괜찮으십니까?" 지식
- 고객이 안심할 수 있게 미소 짓는 법

이것은 If-then 플래닝을 정하면 다음 날 바로 실행할 수 있습니다. 이어서 나오는 지식은 '② 사고에 도움이 되는 축적형 지식'입니다.

- 자신의 의견에 맞는 정보만 모으는 '확증 편향' 지식
- 분노에 대처하는 분노 조절 지식
- 돈의 역사에 관한 지식

일상에서 당장 실행할 수는 없지만 무언가를 사고할 때 그 실마리로서, 교양으로서 쓸모 있습니다. 개인적인 느낌이지만, 매일 15분씩 독서를 계속하면 '② 사고에 도움이 되는 축적형 지식'이 늘어납니다.

지식을 SNS로 알린다

축적형 지식을 매일의 생활에 활용하려면 다른 사람에게 설명하는 것이 무엇보다 효과적입니다. 하지만 매일 지식을 떠드는 일이 난이도가 높은 것도 사실입니다. 일방적으로 혼자 떠들어 대면 자기중심적이라며 사람들이 싫어할 테니까요. 그래서 독서 습관 들이기와 동시에 시작하면 좋은 것이 있습니다. 바로 SNS입니다.

- 트위터와 인스타그램 같은 텍스트형 SNS를 활용하여 1%

의 지식을 게재한다.
- 동영상이나 음성형 SNS를 활용하여 1%의 지식을 말한다.
- 블로그를 시작하여 1%의 지식을 서평 형식으로 쓴다.

SNS는 매일 효율적으로 아웃풋을 낼 수 있는 매체입니다. 저도 몇 년 전까지는 당장 실행하지 못하는 1%의 지식을 블로그에 서평으로 남겼습니다. 지금은 트위터에 140자의 지식을 텍스트로 올리고, 음성 SNS를 활용하여 매일 아침 사람들에게 알립니다.

이로써 '책을 읽는다 → 서평을 쓴다(다른 사람에게 설명한다) → 수익이 생긴다 → 다음 책을 산다'와 같은 선순환을 만들었습니다. '하루 1%의 지식을 기르고 활용한다'. 여러분도 꼭 실천해 보기 바랍니다.

"너무 열심히 해서 지쳤다"고 말하는 사람도 있습니다. 하지만 저는 지치는 것보다 후회하는 것이 더 싫습니다. 하지도 않고 후회하고 싶지는 않아서 도전했고, 나 좋을 대로나 마음 가는 대로 살고 싶어 닥치는 대로 책을 읽었습니다. 멋있어 보이려고 근육 트레이닝도 하고, 내 시간이 필요해서 아침 일찍 일어났습니다. 언제 뒤돌아봐도 "충실하게 살았다"고 말할 수 있습니다. 이렇게 사는 것이 행복합니다.

독서 습관을 들이기로 결심한 10년 전, 맨 처음 한 것은 집 안 곳곳에 책을 두는 것이었습니다. 화장실, 현관, 세면실 가릴 것 없이 곳곳에 책을 두었습니다. 책을 가까이 두고 나서 스마트폰 충전을 현관에서 하는 습관도 추가했습니다. 시간 날 때마다 틈틈이 책을 읽으며 나를 채웠습니다. 꼭 책이 아니더라도 좋은 습관을 들일 때는 환경을 바꾸어 보세요.

1개월 동안 매일 아침 쓰는 명상을 계속했습니다. '① 1분 동안 명상한다, ② 어제 기분 나빴던 일을 다섯 개 적는다, ③ 지금 가장 하기 싫은 일을 적는다, ④ 어제 기분 좋았던 일을 다섯 개 적는다, ⑤ 지금 가장 하고 싶은 일을 적는다.' 그 결과로 마음이 정리되고 나 자신에게 솔직해졌습니다. 생활의 문제가 명확해지고 고민이 줄었습니다. 일주일만 속는 셈치고 시작해 보세요.

매일 오후 1시, 걸어서 20분 걸리는 도서관에 갑니다. 두 시간쯤 머물며 서너 권을 빌려 집에 돌아옵니다. 오후 5시까지는 독서 시간입니다. 책장 사이를 돌아다니는 시간도, 글을 접하는 시간도 좋았습니다. 좋아서 독서를 계속했더니 스트레스와 따분함, 미리 단정하는 버릇이 사라졌습니다. 사람들에게 친절해지고 무엇보다 SNS에 글을 올리는 것이 일이 됐습니다. 매일 행복을 느낄 수 있습니다.

1% 독서법은 진심으로 추천합니다. 방법은 간단합니다. 하루에 약 15분(1%)동안 읽는 목적 한 가지를 정하고, 차례를 보고, 눈에 띈 곳을 읽습니다. 그러고 나면 '얻은 지식을 내일 어떻게 써먹을까'만을 생각합니다. 100도까지는 변하지 않는 물이 끓는점에 도달하면 기체로 변하듯, 매일 하나씩 변화하다 보면 1년 후 성장을 실감할 수 있습니다.

3+1 독서법을 꾸준히 하며 느낀 것

"시간이 없어서 책을 읽을 수 없다"는 말은 "책을 읽지 않아서 시간이 없는 것이다"라는 말과 본질이 같습니다. 이솝우화에 나오는 한 여행자와 나무꾼의 이야기를 예로 들어 보겠습니다.

아침부터 나무를 베기 시작했는데도 작업이 더디기만 한 나무꾼에게 지나가던 여행자가 "도끼날을 갈면 어떨까요?" 라고 말합니다. 그를 향해 나무꾼은 이렇게 대꾸합니다. "나무 베기 바빠서 그럴 시간이 없습니다."

지식을 활용하려면 거기에 의미가 있어야 합니다. 그리고 의미 있는 것에는 도끼날을 가는 것처럼 '번거로운 행위'가 뒤따릅니다. 그래서 3+1 독서법을 생각했습니다.

1% 얻는 것에 주력한 것이 '1% 독서법'입니다. 그리고 1% 독서법으로는 늘리지 못하는 지식의 파편을 늘리되, 무리하지 않고 즐겁게 훑어서 읽는 1책장 1권 독서법, 1% 독서법의 부족한 부분을 채워서 더 밀도 있게 독서할 수 있도록 도와주는 속청 독서법을 시도했습니다. 그리고 이것들을 진짜 나만의 지식으로 소화하기 위해 아웃풋을 합니다.

① 배운 것을 결과로 바꾸는 1% 독서법
② 부지를 줄이고 지식의 파편을 모으는 1책장 1권 독서법
③ 건너뛰어 읽지 않고도 빠르게 읽을 수 있는 속청 독서법
④ 지식을 완전한 내 것으로 만드는 아웃풋

역할을 나누고 나니 귀차니스트인 저도 독서를 지식으로 만들 수 있었습니다. 부디 이 독서법들을 참고하여 책 읽는 재미는 잃지 않으면서도, 독서를 더욱 의미 있는 것으로 바꿔 나가기 바랍니다.

성공한 사람의 차이 나는 리딩 스킬

고효율 독서법

✦ ✦ ✦

100권이 넘는 독서법 책에서 찾은 제대로 읽는 법

이제는 읽기만 해도 이점이 있다는 독서의 가치를 이해했으리라 생각합니다. 여기서부터는 제가 독서할 때 염두에 두는 것과 직접 실천하는 구체적인 독서법에 관해 설명하겠습니다.

저는 지금까지 100권이 넘는 독서법 관련 책을 탐독했습니다. 그 안에는 많은 독서법과 테크닉이 있었습니다. 마인드맵을 구사한 독서, 프레임에 넣고 노트에 적는 독서, 난독과 다독, 우뇌를 활용한 속독과 스키밍, 법칙에 따른 읽기,

사고하기 위한 독서 등등.

계속 말했다시피 저는 극도의 귀차니스트이므로, 책 읽기는 좋아하지만 필기하기는 싫습니다. 마인드맵으로 정리할 때는 한 손에 책을 들고 스마트폰이나 컴퓨터에 써야 하는데, 할 일이 느는 것만으로도 심한 스트레스를 받았습니다. 책 읽는 데 해야 할 일을 늘리고 싶지 않습니다. 책의 세계에 푹 빠져 읽고 싶었습니다.

성격이 이 모양이라 100권이 넘는 책을 읽고 깨달은 독서법 중에서도, 준비 없이 할 수 있는 것만 골랐습니다. 기억 효율이 좋아지는 것, 독서 중 좋았던 의식, 간단히 아웃풋을 내는 구조 등입니다.

여기서부터는 귀차니스트도 할 수 있으며, 읽고 나서 빠르게 효과를 볼 수 있는 고수들의 일곱 가지 독서법을 설명하겠습니다.

독서는 선입견으로 하는 것이다

고효율 독서법 1

책은 선입견으로 읽는 것입니다. 뜬금없이 무슨 말이냐고 생각할 수도 있지만, 이 부분을 짚고 넘어 가야 독서가 생활에 도움이 되고 재미있음을 이해할 수 있습니다. 구체적으로 예를 들어 보겠습니다.

24년 전 오늘, 어머니가 사고로 세상을 떠났다. 당시 네 살이었던 나는 어머니에 대한 기억이 없어 묘지에도 가지 않았다. 스물한 살에 딸을 낳았을 때, 불쑥 어머니의 존재가

> 떠올랐고 그날 이후로 어머니에게 "딸이 걸었어요", "아들을 낳았어요", "회사를 열었어요" 등등의 소식을 보고하러 틈틈이 묘지에 간다. 24년째인 오늘, "꿈이었던 책을 출판했어요"라고 보고한다. 기뻐해 주면 좋을 텐데.

제가 트위터에 올린 글입니다. 선입견 없이 읽으면 직감적으로 '어머니의 기일에 꿈을 이루었다고 보고하는 아들의 에피소드'임을 이해할 수 있습니다. 그런데 과거부터 제 글을 본 사람이라면 '책을 몹시 좋아하지만 중졸이라는 학력에 발목 잡혀 원하는 일을 하지 못하다가, 겨우 책과 관련된 일을 시작한 후 어머니에게 보고하러 가는 글쓴이의 모습이 떠오를 것입니다. 선입견 때문에 있는 그대로의 글에 더 많은 정보가 더해지는 것입니다.

'영업을 경험하는 것은 인생에서 가장 쓸모 있는 일'이라는 말 역시 별생각 없이 읽으면 특별한 감흥을 느끼지 못하겠지만, 영업으로 인생을 바꾼 사람이 썼다는 사실을 안다면 한 문장만으로도 벼락 맞은 듯한 충격을 받을 수 있습니다.

잘 아는 사람, 좋아하는 사람이 쓴 책이 재미있는 이유는 선입견 때문입니다. 선입견을 가지고 읽어야 감정이 자극을 받아 더 오래 기억합니다. 그런데 선입견을 가질 수 있을 만큼 작가의 배경을 알기란 보통 힘든 일이 아닙니다.

여기서 목적의 정의가 필요합니다. 선입견은 작가의 경력과 취향 등 '외부 요소'로만 구성되지 않습니다.

24년 전 오늘, 어머니가 사고로 세상을 떠났다. 당시 네 살이었던 나는 어머니에 대한 기억이 없어 묘지에도 가지 않았다. 스물한 살에 딸을 낳았을 때, 불쑥 어머니의 존재가 떠올랐고 그날 이후로 어머니에게 "딸이 걸었어요", "아들을 낳았어요", "회사를 열었어요" 등등의 소식을 보고하러 틈틈이 묘지에 간다. 24년째인 오늘, "꿈이었던 책을 출판했어요"라고 보고한다. 기뻐해 주면 좋을 텐데.

이 예문도 '소설을 쓰기 위해, 감동적인 에피소드를 알고 싶다'는 목적을 지닌 사람에게는 누구보다 눈에 들어오는 문장이 될 수 있습니다. '영업을 경험하는 것은 인생에서 가장 쓸모 있는 일입니다'라는 문장도 마찬가지입니다.

'SNS에 올릴 한 방이 있는 말을 알고 싶다', '회의 시간에 한마디 할 수 있는 지식이 필요하다'. 이렇게 목적을 정하면 평범한 문장이 한순간에 눈에 들어오는 한 구절로 바뀝니다. 목적을 정하면 자기 안에 선입견이 생깁니다. 그러면 중요한 부분과 그렇지 않은 부분이 명확히 구분됩니다.

목적을 구체적으로 정하지 않아도 상관없습니다. 하지만 책을 목적에 따라 읽으면 중요한 부분을 놓치지 않고 기억할 수 있으며, 지금의 자신에게 별 의미 없는 부분은 그냥 넘길 수 있습니다. 읽는 속도도 눈에 띄게 빨라집니다. 게다가 내용 흡수도 잘되므로 한 권의 책을 질질 끌며 읽다가 "나에게 아무런 도움도 되지 않았어"라며 스스로를 혐오하는 시간도 줄어듭니다.

책을 즐겁게 읽기 위해서라도, 또 독서를 자신을 위한 시간으로 만들기 위해서라도 목적의 정의는 중요합니다. 수동적인 독서가 능동적인 독서로 바뀌고, 평탄한 문장도 선입견 효과로 훨씬 재미있어집니다. 간단하면서도 지금 당장 효과가 나오는, 즐겁게 읽을 수 있는 방편입니다.

책 읽는 순서에 비밀이 있다

고효율 독서법 2

독서 중 길을 잃지 않는 간단한 대책

효율 독서법 1에서는 선입견의 유무에 따라 글의 인상이 달라진다고 설명했습니다. 지금부터는 독서 중 길을 잃고 헤매지 않는 방법을 알려드립니다.

독서하다 보면 "어라, 이 책에서 무엇을 배우려고 했었지?", "아, 원래 어떤 책이었더라?"같이 길을 잃는 사람도 많으리라 생각합니다. 예를 들어, 한 권의 책을 읽는 데 일주일이 걸린다고 치면, 차츰 첫날의 기억은 흐릿해지고 무슨 책을 읽고 있었는지 잊어버리게 됩니다. 저는 이런 경험을 여러 번 했습니다. 그때마다 "이 책은 읽지 않아도 되겠지……" 하며 도중에 읽기를 포기했습니다. 그런데 이 문제의 해결책은 간단했습니다. 전체 상을 그릴 수 있도록 읽는 순서를 바꾸기만 하면 되는 거였습니다.

'① 머리말 → ② 맺음말 → ③ 차례 → ④ 본문 순으로 자유롭게 읽는다'가 추천하는 순서입니다. '머리말'에는 책의 전체 상이 쓰여 있습니다. 이 책에서도 독자들이 확인했으면 하는 점을 중심으로 하여, 머리말에 장별 소개와 이 책으로 전하고 싶은 목적을 적었습니다. 수많은 책의 머리말에 이 같은 장별 소개와 전하고 싶은 내용이 쓰여 있습니다. 전체적으로 보면 나침반이나 다름없는 부분이지요. 또 맺음말에는 책 전체를 총괄하는 내용이 들어 있고, 목적이 명기돼 있습니다. 책의 전체적인 느낌을 더 깊이 이해할 수 있습니다.

전체적인 느낌을 이해하면 머릿속에 책의 구성 방식이 떠오르므로 길을 잃지 않게 됩니다. 그러고 나서 '차례'를 읽으면 본문의 흐름을 예측할 수 있어 흔들림 없이 목적지를 향해 읽어 나갈 수 있습니다. '이 책은 독서법을 설명한다', '지금 읽는 곳은 구체적인 이유 부분이다' 하고 책의 지도를 떠올리면 목적지에 수월하게 도달할 수 있습니다.

인간의 뇌는 쓸데없는 에너지 소비를 피하도록 설계되었습니다. 예측 불가능한 상황에서 접한 정보에 관해서는, 중요도를 판단하는 기능이 활성화되지 않지요. 그래서 읽는 순서를 바꾸고 전체적인 느낌을 파악하는 것입니다. 뇌가 그 책의 전체 상을 완성시키려고 멋대로 움직이도록 말입니다. 그러고 나면 '여기가 중요해. 부지의 핵심이야.'라고 뇌가 우선적으로 가르쳐 줄 것입니다. 뇌는 부족한 지식을 보강하려는 성질을 가지고 있으므로. 읽는 순서를 바꿔서 책의 전체적인 느낌을 미리 파악합시다.

책을 며칠 동안 읽지 못한 경우

'① 머리말 → ② 맺음말 → ③ 차례 → ④ 본문 순으로 자유롭게 읽는다'

①, ②, ③까지 끝냈더라도, 바쁘다 보면 독서할 시간이 나지 않을 수도 있습니다. 그렇게 수 주일이 지나면 사전에 파악한 전체적 느낌을 잃게 되겠지요. 그럴 때를 대비하여 온라인 서점의 책 소개글을 추천합니다. 책 소개글은 대부분

책을 여러 번 읽은 편집자나 가끔은 작가 본인이 작성하기도 합니다. 책의 목적이 명확하게 실려 있어, 잃어버린 전체적 느낌을 되찾는데 안성맞춤입니다. '① 머리말 → ② 맺음말 → ③ 차례'를 읽어도 전체적 느낌을 포착하지 못한 경우에도 추천합니다. '이 책에 어떤 내용이 쓰여 있는 거지?'라는 의문이 들 때 활용해 보세요.

20%만 읽으면 된다

고효율 독서법 3

'전체 수치의 80%의 성과는 전체를 구성하는 요소 중 20%의 요소가 만들어 낸다.' 이탈리아의 경제학자 빌프레도 파레토(Vilfredo Pareto)가 발견한 '파레토 법칙'입니다. 구체적으로 예를 들어 보겠습니다.

- 매출의 80%는 20%의 단골 고객이 만들어 낸다.
- 업무 성과의 80%는 소비한 시간의 20%에서 나온다.
- 아픈 원인의 80%는 몸의 20% 부분에 모여 있다.

'80:20'이라는 별명으로도 불리는 이 법칙은 다양한 분야에 적용할 수 있습니다. 물론 독서에도 응용할 수 있습니다. 독서법 관련 책을 읽어 본 사람이라면 '한 권의 책은 20%의 중요한 부분과 80%의 시시한 부분으로 구성돼 있다'고 생각할지도 모릅니다. 저는 이 생각에 의문을 가지고 있었습니다. 이번에 책을 써 보니, 역시 80%의 중요치 않은 부분 같은 것은 없었습니다.

파레토 법칙을 책에 적용한다면 '한 권의 책은 20%의 주장과 80%의 부연으로 구성된다'입니다. 이 책도 이 비율로 구성되어 있으며, '20%의 주장과 80%의 부연'이라 생각하고 읽으면 더 깊이 이해할 수 있습니다. 그런데 '20%의 주장과 80%의 부연'으로 구성됐다는 것을 알면 무엇을 더 할 수 있을까요?

효율 독서법 2에서 설명한 대로, 책을 읽을 때 인간은 자주 길을 잃습니다. 한 권의 책을 다 읽더라도 평균 10만 자로 이루어진 내용을 모두 기억할 수는 없으니까요. 그래서 읽는 순서를 바꾸고 전체 상을 포착하여 길을 잃지 않는 방법을 소개한 것입니다.

이는 전체적 느낌을 이해할 때 해당되는 이야기입니다. 장 하나하나가 짧다면 더할 나위 없이 좋겠지만, 긴 경우에는 그 속에서 길을 잃을 수도 있습니다. 그래서 '20% 주장이 담긴 부분은 어디일까?'를 찾으라는 것이지요. 그래야 어느 쪽을 펼쳐도 그 책의 취지를 이해할 수 있을 테니까요. 80%의 부연(이유와 구체적인 예시 부분)부터 읽기 시작하면, 무엇에 관해 말하는지 전혀 이해하지 못합니다.

파레토 법칙과 관련해 독서에서 하나 주의할 점이 있습니다. '20%의 주장과 80%의 부연'에 관해 설명하면 "중요한 것은 20%에 불과하니 그 20% 해당하는 부분만 읽어도 충분하다"고 말하는 사람이 나올 수 있다는 것입니다. 이것은 아주 큰 착각입니다. 가령 20%만 읽는 것은 다음과 같은 부분만 읽는다는 뜻입니다.

- 팔 근육 트레이닝을 하면 팔씨름에 강해진다.
- 권투 선수가 잽을 날릴 때는 겨드랑이를 조인다.
- 타석에서 야구 방망이를 휘두를 때는 머리를 움직이지 않아야 좋다.

독자는 이 20%의 지식을 실제로 어떻게 활용할 수 있을까요? 팔씨름의 경우, 팔 근육을 키우면 확실히 힘이 생깁니다. 그런데 근육을 어느 각도에서 어느 순간에 쓰는지 이해하지 못하면 실전에서 써먹지 못합니다. 그런 사람을 강해졌다고 볼 수는 없겠지요. 다시 말해, 지식을 수박 겉핥기로 접한 사람과 '왜 이 지식은 중요한가?'를 논리적으로 이해한 사람은 결과적으로 천지 차이가 납니다.

파레토 법칙은 책 속에서 길을 잃지 않는 법칙입니다. 결코 '20%의 중요한 부분만 읽으면 전체의 80%를 이해할 수 있다'고 말하는 법칙이 아닙니다. 원래 책에서 배울 수 있는 지식의 상한선은 독자에 따라 다릅니다. 지식은 써먹기 위한 것이고, 언어는 사고의 테이블을 확장시키기 위한 것입니다. 제한된 시간 안에서 얻은 지식을 헛되지 하지 않기 위해서라도 배움에 상한선을 두지 말고 독서에 파레토 법칙을 활용해 보세요.

읽을 때는 두 가지만 기억하라

고효율 독서법 4

손가락을 써서
세 가지를 절약한다

혹시 글자를 손가락으로 짚으면서 읽는 모습이 꼴사납다고 생각한 적이 있나요? 참고로 저는 그렇다고 생각했습니다. 여기에서만 하는 말인데, 제가 처음에 책을 접한 이유는 독서가를 멋있다고 생각했기 때문입니다. 정말로 유치하고 부끄러운 동기였지요. 당시에는 '손가락으로 짚어 가며 읽는 행위는 글에 익숙하지 않은 사람이 하는 것이고, 독서가가

할 짓이 아니다'라고 굳게 믿었습니다.

연간 700권이 넘는 책을 읽는 지금은 단언할 수 있습니다. 글자를 손가락으로 따라가며 읽는 행위는 가장 합리적이기에 독서가로서 멋진 행동이라고요. 굳이 설명해야 하나 싶지만 간단하게 설명해 보겠습니다. '손가락을 가이드 삼아 시선을 글자에 두고 집중하듯 읽는다.' 이렇게만 해도 훨씬 이해가 잘됩니다.

인간의 눈은 본능적으로 움직이는 것을 따라갑니다. 예를 들어, 집중해서 TV를 보고 싶을 때 눈앞에서 아이가 부산스레 움직이면 거슬려하는 사람이 많습니다. 움직임에 눈길이 가기 때문입니다. 그런데 이 눈길이 가는 대상을 스스로 조절할 수 있습니다. 바로 손가락이지요. 글자에 맞춰 손가락을 움직이면 손가락에 시선이 집중되어 읽기가 편해집니다.

도호쿠대학교 전기통신연구소의 시오이리 사토시 교수가 발표한 연구에서도 손 옆에 있는 것에 눈길이 간다는 사실이 판명됐습니다. 과학적으로도 장점이 밝혀진 독서법인 셈이지요. 부차적인 말이지만, 실제로 해 보니 독서 속도가 약 두 배까지 향상됐습니다. 누구나 지금 당장 할 수 있고, 효과를 볼 수 있는 독서법입니다.

왜 이렇게 놀라운 효과가 있는 것일까요? 바로 세 가지 낭비를 줄인 덕분입니다.

① 이해하기 위해 다시 읽으려고 쓸데없이 앞으로 돌아가는 일이 줄어든다.
② 읽고 있는 부분이 어디인지 놓치지 않는다.
③ 집중력이 흐트러지는 것을 예방한다.

피로 등으로 집중력을 잃으면 읽던 부분을 놓칠 수도 있습니다. 그럴 때 손가락으로 책을 짚으면 그 끝에 눈길이 갑니다. 손가락을 활용하면 의식을 조절할 수 있다는 것입니다. 그러면 괜히 여러 번 다시 읽는 일이 줄어들지 않을까요?

참고로 손가락으로 짚는 대신 한 줄의 너비에 딱 맞는 크기의 책갈피를 책에 대고 읽는 것도 추천합니다. 책갈피를 쓸 때는 다 읽은 부분을 가리고 읽으세요. 독서가 훨씬 수월해집니다.

눈높이에 맞춰 책을 읽자

또 하나 추천하는 것이 있습니다. 책을 시선 높이로 들고 읽는 것입니다. 책 읽을 때, 교과서를 읽듯 책상에 펼쳐 놓고 읽는 사람이 많잖아요? 혹은 책을 아예 내려두지 않더라도 시선 아래 두는 사람도 있습니다. 이러면 글자를 자세히 보려고 몸을 앞으로 숙이게 되고, 이런 자세는 피로의 원인이 됩니다. 계속 앞으로 기울인 자세로 있으면 몸 안의 산소 흐름 또한 나빠집니다. 더하여 눈이 필요 이상으로 긴장 상태에 빠져 책을 읽기 위해 체력을 다 쓰게 되지요.

피로는 집중력을 흐트러트리며 독서를 방해하는 큰 적입니다. 장시간 독서할 때는 꼭 독서대를 쓰세요. 오랫동안 눈높이로 책을 들어 올리고 있으면 피로가 쌓입니다. 또 손가락으로 짚어 가며 책 읽기도 불가능합니다. 독서대를 쓰면 평소보다 오래 집중할 수 있습니다. 긴장이 완화돼 평소보다 좀 더 빨리 읽을 수도 있습니다.

오래 기억하는 세 가지 비법

고효율 독서법 5

어차피 읽을 거면 기억에 남긴다

앞에서도 말했듯이 저는 중증의 귀차니스트이고, 공부하기를 극도로 싫어합니다. 또한, 의미 있는 것을 시작해야 할 때도 엉덩이가 무거워서 마음의 준비를 하지 않으면 꿈쩍도 하지 않습니다. 그래서 계획이나 대책을 세우지 않으면 매일 의미도 없이 게으름에 젖어 게임과 유튜브 시청만 계속하는 성향이 있습니다.

지금까지 책에 큰 의미를 두지 않고 읽기만 해도 이점이 있다고 말했습니다. 그럼에도 비즈니스 책을 읽을 때는 '조금이라도 기억에 남기고 싶다'거나 '의미를 강화하고 싶다'는 생각이 드는 건 어쩔 수 없는 본심입니다. 마침 그때 독서법 관련 책을 읽었더니 이런 글이 눈에 들어왔습니다.

- 마인드맵을 작성하자.
- 프레임을 활용하여 책을 읽자.
- 종이에 정리하며 책을 읽자.

기억에 남기려면 직접 실천해 보는 것이 가장 좋습니다. 실제로 저도 전부 직접 해 보고 확인했습니다. 엄청난 효과가 있는 것은 분명합니다. 그런데 부차적으로 할 일이 많아지면, 저 같은 귀차니스트에게 독서의 문턱이 급격히 높아지고 맙니다. 독서가 재미없고 부담스러워져서 꾸준히 읽을 수 없습니다.

여러 번 말했듯이, 저는 이 책으로 독자 여러분에게 독서란 사실 가볍게 즐길 수 있는 것이라고 말해 주고 싶습니다. 그래서 귀차니스트인 저도 할 수 있는 방식, '확실히 기억에 남지만 전혀 부담스럽지 않은 방법'을 여기에 소개하고자 합니다. 아무런 준비도 필요 없습니다. 책 한 권으로 할 수 있는 가장 간단하고 부담 안 되는 방법. 그것이 지금부터 소개할 세 가지 독서법입니다.

효율 기억법 1
웨이크풀레스트

귀차니스트인 저도 할 수 있고, 가장 만족도가 높은 '웨이크풀레스트(Wakeful Rest)'라는 기억법이 있습니다. 독서하는 도중에 의도적으로 아무 생각 없이 쉬는 시간을 가지는 방법입니다. 겉으로 보면 그저 딴짓을 하는 것처럼 보입니다. 그런데 시간으로 치면 고작 4~10여 분의 휴식이 기억 정착률을 10% 가량 올린다는 사실이 밝혀졌습니다. 멘탈리스트 다이고는 《조종하는 초독서법(知識を操る超読書術)》에서 웨이크풀레스트를 이렇게 소개했습니다.

> 몇 시간이나 계속 책을 읽고 공부하는 모습은 대단해 보이지만, 사실은 정신력으로 버티면 무엇이든 달성할 수 있다는 착각에 불과합니다.
>
> (중략)

뇌에는 반드시 휴식이 필요합니다. 책을 읽거나 공부하는 사이에 '아무것도 하지 않는 시간'을 넣지 않으면 기억이 정착되기 어렵습니다.

휴식 시간 없이 공부하는 사람은 겉으로 보기에 아주 성실해 보입니다. 그러나 '기억의 정착'이라는 관점으로 보면 아주 비효율적입니다. 책을 읽는 도중에 눈을 감고 정기적으로 쉬는 시간을 가지는 행동 하나만으로도 기억 효율이 향상됩니다. 책을 다 읽고 난 뒤나 잠시 쉴 때는 꼭 웨이크풀레스트를 해 보기를 추천합니다.

효율 기억법 2
단어의 치환

독서 중에는 '말 바꿔 하기'를 하면 좋습니다. 방법은 간단합니다. "요약하자면 이 책의 3장은 효율적으로 기억하는 비법에 관해 쓰여 있구나!" 하고 자신의 말로 바꾸어 말하면 됩니다. 더 자세히 말하면, '그러니까 책을 읽고 나서 10분 동안 아무 생각 없이 있으면 기억 효율이 올라간단 말이구나!'라고 각 장마다 혼잣말로 요약해 보는 것입니다.

중요한 사항, 기억하고 싶은 내용을 노트에 정리하는 독서법이 있는데, 본질은 모두 '자신의 말'로 바꾸는 것입니다. 자신의 말로 바꾸는 것이 본질이기에 꼭 노트에 쓰지 않아도 상관없습니다. 이 방법의 또 다른 장점은 '노트 필기의 약점'을 피할 수 있다는 것입니다.

노트 필기의 약점이란 책에 쓰여 있는 작가의 말을 거의 그대로 메모하는 것입니다. 책에 적힌 작가의 말을 그대로 메모하면 뇌가 베끼는 것에 성취감을 느껴 기억 효율이 올라가지 않습니다. 기억 효율을 높이려면 철저하게 자신의 말로 바꾸는 과정이 중요합니다. 그렇게만 하면 노트에 적지 않아도 몰라보게 기억 효율이 좋아집니다. 요컨대, 귀차니스트인 사람은 읽은 것을 자기 식대로 바꾸어 말하기만 해도 효과가 나옵니다.

효율 기억법 3
마법의 상기 학습

'웨이크풀레스트'와 '말 바꿔 하기'를 하면 왜 극적으로 기억 효율이 좋아질까요? 뇌의 구조를 이해하면 쉽게 납득할 수 있습니다. 기억에는 '단기 기억'과 '장기 기억', 두 종류가 있습니다.

단기 기억이란 뇌 안에서 짧게 기억하는 능력을 가리킵니다. 정보를 일시적으로 보관하는 것입니다. 가령 휴대 전화 번호를 기억할 때, '×××-××××-××××'라는 11개의 숫자를 일시적으로 머릿속으로 복창해서 외운다면 다음 날 전혀 기억하지 못할 것입니다. 단기 기억이기 때문입니다. 뇌의 책상에 물건을 잠시 놔두는 느낌에 가깝습니다. 책상에 다른 정보를 올려놓으면 자리가 부족해 책상에서 치우고 곧바로 잊어버리지요. 이것이 단기 기억 구조입니다.

반대로 장기 기억은 정보를 오래 기억하는 것입니다. 초등학생 때, 친구와 집 전화번호를 머릿속으로 여러 번 복창하고 통째로 외워 버린 경험이 있지 않나요? 책상 위에 둔 것을 '여러 번 쓸 거라며' 서랍에 넣고 넣다 뺐다 할 수 있는 상태로 두는 것, 이것이 장기 기억입니다. 기본적으로 책을 읽고 얻은 지식은 일단 단기 기억입니다. 이후로 아무것도 하지 않으면 장기 기억으로 바뀌지 않습니다. 덧붙여 책을 한 글자, 한 글자 빠짐없이 읽으려고 해도 장기 기억이 되지 않습니다. 그러면 어떻게 해야 장기 기억을 남길 수 있을까요?

가장 간단한 방법이 '여러 번 쓸 거니까 서랍에 넣어 두자.'고 뇌가 생각할 수 있도록 '이 정보는 분명 쓸모 있을 거야.'

라며 중요도를 높이고 수시로 떠올리는 것입니다. 이때 도움이 되는 것이 '상기하기'입니다. 상기하기는 머릿속으로 떠올리는 것을 말합니다. 머릿속에 떠올리기 위해 메모장이나 스마트폰이 필요하지는 않습니다. 몸 하나, 책 한 권만 있으면 됩니다.

지금까지 설명한 웨이크풀레스트, 말 바꿔 하기, 상기하기를 이용하면, 독서의 흐름은 '① 책을 펼치고 '요컨대……' 하고 말을 바꿔 가며 읽는다(말 바꿔 하기), ② 주기적으로(제 경우는 20분 정도) 4~10분 정도 눈을 감고 쉬는 시간을 갖는다(웨이크풀레스트), ③ 그때 '바꿔서 한 말'을 떠올린다(상기)'의 순서가 됩니다. 실제로 한번 해 봅시다.

요컨대, 읽기

- '요컨대, 여기서 설명하는 것은 메모하지 않고 기억하는 독서법'

웨이크풀레스트+상기

- '그러니까…… 말을 바꿔 가면서 읽고 정기적으로 웨이크풀레스트 하면 상기하는 것이라는 말이지.'

- '웨이크풀레스트를 몇 분 하라고 했더라?'

  → 여기서 생각나지 않는 부분만 다시 읽는다.

이쯤에서 꼭 한번 해 보세요. 위의 과정을 되풀이하는 동안 '지금 바꾼 말'이 '과거에 바꾼 말'과도 연결됩니다. 이것을 청킹(Chunking)이라고 하는데, '독서의 이득 → 공감력이 좋아진다 → 감정을 말로 표현할 수 있다'는 흐름과, '요컨대……' 하고 읽은 책을 축약하는 과정을 여러 번 거치면 기억이 피라미드 모양으로 축적됩니다. 가장 위에 있는 것을 반추하면 저절로 아래 단계가 떠오르는 그런 느낌입니다. 또한 상기할 때 부족한 부분을 깨닫는다는 이점도 있습니다.

'이 책에서 소개하는 독서의 이득은 첫째, 지식이 생긴다, 둘째, 상상력과 공감력이 풍부해진다, 셋째, 스트레스 해소 효과가 있다, 넷째, 어휘력이 향상된다, 다섯째, 고집하던 가치관을 깨부순다……. 그다음에 뭐가 나오더라?' 이런 식입니다. 참고로 이 경우 부족한 부분은 '읽는 속도가 빨라진다'입니다. 읽는 속도가 빨라지면 생활에 어떤 이점이 있는지 앞에서 설명했습니다. 어떤가요? 더 상세한 내용이 궁금하지 않나요?

심리학에서는 '끝까지 완성시키지 못하고 도중에 그만둔

것이 인상에 남아 호기심을 자극하는 현상'을 앞에서 '자이가르닉 효과(Zeigarnik Effect)'라고 설명했습니다. 가령 친구와 대화하는 도중에 "그러고 보니 며칠 전 마음에 걸리는 일이 있었는데……. 아, 아니다. 아냐, 됐어……."라고 말하면 무슨 생각이 드나요? "뭐가 궁금하니까 얼른 말해!" 하고 따지게 되지요. 그야말로 도중에 그만두어서 호기심이 생긴 상태입니다.

상기하는 과정에서 이 자이가르닉 효과가 강한 호기심으로 변합니다. 한번에 생각나는 지식은 '쓸모 있는 지식'으로서 장기 기억으로 보존됩니다. 생각나지 않는 지식은 자이가르닉 효과로 인해 강한 호기심으로 변합니다. 그것이 '여러 번 머릿속에 떠올리게' 하여 결국에는 장기 기억으로 정착되는 것입니다. 1책장 1권 독서법은 이를 기반으로 합니다.

자기 말로 바꿔서 말해 보고, 중간에 잠시 쉬고, 바꾼 말을 떠올린다. 고작 이 세 개의 의식이 여러분의 독서를 놀라울 정도로 의미 있는 것으로 만들어 줍니다. 귀차니스트도 할 수 있는 기억력을 합리적으로 올리는 독서법, 꼭 한번 해 보세요.

독서할 의욕을 만드는 마법

고효율 독서법 6

의욕의 정체는 무엇일까?

아무리 구체적으로 노하우를 배우고 책을 읽어도 의식이 흐트러지면 다 소용없습니다. 일할 때도 마찬가지입니다. 10분만 집중하면 끝낼 수 있는 잡무를 '왠지 의욕이 나지 않네'라고 질질 끈 결과 1, 2시간이 훌쩍 지나버리는 일, 누구나 한번쯤 경험하지 않았나요?

저는 원래 의욕이란 개념에 회의적인 편입니다. 도쿄대학교 약학부의 이케가야 유지 교수는 의욕에 대해 이렇게 말했습니다.

> "의욕이란 무엇인가?" 사람들이 자주 묻는데, 뇌 안에서 의욕을 찾을 수 없다는 것이 연구 끝에 내린 결론입니다. 의욕이란 것은 누가 "의욕을 내!"라고 해서 나오는 것이 아닙니다.
>
> <BEER> 2008 No.13/베넷세종합연구소

이 글을 읽고 저는 '의욕의 정체가 무엇일까?' 의문을 가졌습니다.

의식을 집중하면 의욕이 된다

저의 해석으로는 '의욕이란 애초에 실체가 없으며, 의식을 집중하면 의욕이 되는 것이고, 의식이 흐트러지면 의욕이 생기지 않는 것'입니다. 뇌 과학에서는 인간의 몸은 '뇌가 먼저, 몸이 나중에'가 아니라 '몸이 먼저, 뇌가 나중에'라고 합니다. 그 말을 곧이곧대로 이해하면 '이 일, 왠지 의욕이 나지 않아'

라는 감정은 정체된 몸 상태에서 일어났다고 말할 수 있지 않을까요?

그렇다면 의도적으로 책이나 교과서 쪽으로 몸을 돌려 봅시다. 그러면 뇌가 저절로 따라오겠지요. '5분 동안 계속하면 의욕이 나온다'는 의견도 마찬가지입니다. 5분 동안 계속하면 의식이 집중하며 몰입 상태에 가까워집니다. 그것이 의욕이라고 불리는 것은 아닐까요?

다시 말해, 의욕이 있거나 없다는 말은 '의식이 집중해 있다'거나 '흐트러져 있다'는 상태를 가리킨다고 생각합니다. 그래서 세상에 무수히 많은 '의식을 집중시키는 노하우'를 닥치는 대로 따라 해 보았습니다. 그 결과, 독서하고 싶을 때 의욕을 조절할 수 있게 되었습니다.

처음 다섯 글자는 한 글자당 1초씩 읽는다

다양한 방법을 시도해 보았으나, 집중력 유지에는 한 점을 보는 것이 가장 효과적이었습니다. 점을 계속 보거나, 기호를 계속 보는 등 어떤 방법이든 상관없습니다. 이 책을 읽는 사람이라면 당연히 더 잘 읽을 수 있는 방법을 알고 싶겠지요. 그럴 때 '처음 읽는 다섯 글자를, 한 글자당 1초에 읽는' 것을 추천합니다. 건너뛰어 읽지 말고, 대충 넘기지 말고, 한 글자씩 천천히 읽어 나갑니다.

독∨서∨가∨좋∨다

위 문장을 보는 데 한 글자에 1초 이상 써 봅시다. 시선을 한 점에 집중시키면 의식은 놀랄 정도로 집중 상태가 됩니다. 원래 인간의 시선은 의식이 흐트러질수록 바삐 움직입니다. 역발상으로 '시점을 고정'하여 집중 상태로 만드는 것입니다. 그야말로 '몸이 먼저, 뇌가 나중에'의 패턴이라고 할 수 있습니다. 단 5초 만에 놀라울 정도로 효과를 체감할 수 있으니 지금 당장 시도해 보세요.

눈을 감고
세 개의 음을 찾아낸다

또 하나, 시각이 아닌 다른 감각을 활용하는 방법을 소개합니다. 바로 '세 가지 소리를 찾는' 것입니다. 방법을 간단히 설명하겠습니다.

① 의자에 앉아, 눈을 감고 긴장을 푼다.

② 들리는 주변 소리에 집중한다.

③ 그중 세 가지 소리를 찾는다(사람 목소리, 에어컨 작동 소리, 새가 지저귀는 소리 등).

④ 눈을 뜨고 책 읽기 시작한다.

인간의 오감은 시각 83%, 청각 11%, 후각 3.5%, 촉각 1.5%, 미각 1%의 비율로 반응합니다. 즉, 시각이 80% 이상 차지합니다. 그래서 시각을 차단하면 청각에 집중할 수 있습니다. 소리를 차단하면 의식에 집중하게 됩니다.

이러한 방법으로 집중 상태를 먼저 만듭시다. 그러면 의욕이 자동으로 따라와 시간을 훨씬 효율적으로 쓸 수 있게 됩니다. 꼭 체감해 보세요.

자신 있게 권하는 단 하나의 속독법

고효율 독서법 7

속독은 사용법에 의해 좌우된다

미국 영화감독 우디 앨런은 "나는 속독 강좌 수강 후 20분 만에 《전쟁과 평화》를 읽었다. 러시아에 대한 내용 같다"라고 말하며 '속독'을 한껏 비웃었습니다. 속독이라고 하면 과거에 엄청난 속도로 책을 넘기던 TV 광고처럼, 꿈같이 빠르게 읽는 것을 상상하는 사람이 많은 듯합니다. 물론 저도 그런 꿈 같은 속독을 열망하던 사람입니다. 포토 리딩(Photo

Reading)이나 우뇌 속독, 세 줄씩 읽기, 손가락으로 고속으로 따라 쓰는 읽기 등 속독을 배우려고 강좌든 관련 책이든 안 찾아본 것이 없습니다.

"이제 하루에 다섯 권 읽을 수 있어!"라며 가슴 설레며 시도해 본 결과, '약간의 속독 향상 효과'는 물론 있는 것 같습니다. 하지만 책과 강좌에서 주장하는 '한 권에 5~15분'의 경지에는 도저히 이르지 못했습니다. 우디 앨런처럼 '러시아에 대한 내용인 것 같다' 정도의 감상만 느낀 적도 수두룩합니다. 읽은 것 같은 느낌은 들지만 단순히 글자를 훑어본 것뿐이라서 개요조차 파악하지 못했습니다. 이것은 전혀 제가 바라는 속독술이 아니었습니다.

그렇다면 수많은 속독술은 전부 쓸모가 없는 것일까요? 저는 그렇게 생각하지 않습니다. 물론 한 권을 5~15분 만에 읽을 수 있는 마법 같은 속독술은 존재하지 않는 듯합니다. 하지만 일부 속독술은 어떻게 활용하느냐에 따라 큰 힘을 발휘합니다.

저는 요 1년 동안, 주말을 제외하고 매일 하루에 한 권씩 음성 플랫폼 보이시에 책을 소개해 왔습니다. 추천 도서를 소개하며 1%의 지식을 청취자 여러분에게 전하고 있습니다. 방송 시간은 대략 10분 정도이지요. 앞서 '왠지 읽은 것 같은 느낌이 들지만 그저 대충 읽기만 하고 개요마저 파악하지 못한' 상태에서는 1분도 떠들 수 없습니다. 그래서 하루에 한 권이 넘는 책 내용을 사람들에게 설명할 수 있을 정도로 이해할 필요가 있는 것이지요.

최근에는 트위터와 보이시를 경유하여 "어떻게 그렇게 많이 읽을 수 있나요?", "사람들에게 설명할 수 있을 정도로 책을 읽으려면 한 권당 얼마나 많은 시간이 필요할까요?", "무언가 특별한 방법이 있는 건가요?" 같은 질문을 받는 횟수도 늘었습니다.

이 질문에서 공통적으로 알고 싶어 하는 것은 '빨리 읽는 방법'이라고 생각합니다. 마법 같은 독서법은 존재하지 않습니다. 하지만 하루에 한 권 이상 무리 없이 읽고 결과를 내는 방법은 있습니다. 제가 쓰는, 과학적으로도 인정받는 기술을 여기에 낱낱이 설명하겠습니다.

읽는 과정과 속도의 한계에 대하여

거듭 말하지만 저는 별의별 속독을 다 배웠습니다. 결과적으로 제 감상은 속독이란 인간으로서 한계를 뛰어넘는 행위라는 것입니다. 독서의 과정을 다음과 같이 뜯어보면 더 선명하게 보입니다.

- 눈으로 글을 인식한다.
- 머릿속에서 소리로 변환시킨다.
- 소리를 말로 이해한다.

대충 뜯어보면 이 세 단계로 나눌 수 있습니다. 이 세 단계의 정확도를 높이면 저절로 빨리 읽을 수 있겠다고 생각하던 시기도 있었습니다. 이것이 불가능하다는 사실이 한 연구에서 증명되기 전까지는요. 2016년, 캘리포니아대학교의 키스 레이너(Keith Rayner) 교수, 엘리자베스 쇼터(Elizabeth Schotter) 교수의 연구팀은 속독에 관련된 메타 분석(복수의 연구 결과를 통합해서 더 높은 견지에서 분석하는 것) 결과를 실은 논문을 발표했습니다.

먼저 눈의 구조와 글자의 의미를 인지하는 과정 등 독해의 기본을 해설하면서 '속독은 정말로 가능한가?'를 검증합니다. '인지 과학, 뇌 과학, 심리학의 시점에서 본 속독에 대한 결론'이라고 해야 할 논문인데, 한마디로 말하면 각종 속독법이 주장하는 '속독의 근거'를 송두리째 부정합니다. 이치를 알면 논문의 진행 과정을 알 수 있으니 구체적으로 설명하겠습니다.

속독 중
안구의 움직임

인간의 시야는 문자를 인식할 때 극단적으로 좁아집니다. 점과 선으로 구성된 문자를 '보려고' 할 때 한 점에 집중하기 때문입니다. 여기서 의식적으로 주변 글자를 인식하려 해 보세요. 다음의 그림처럼 시점을 고정시킨 한 문장부터 서서히 주변이 흐리게 보일 것입니다.

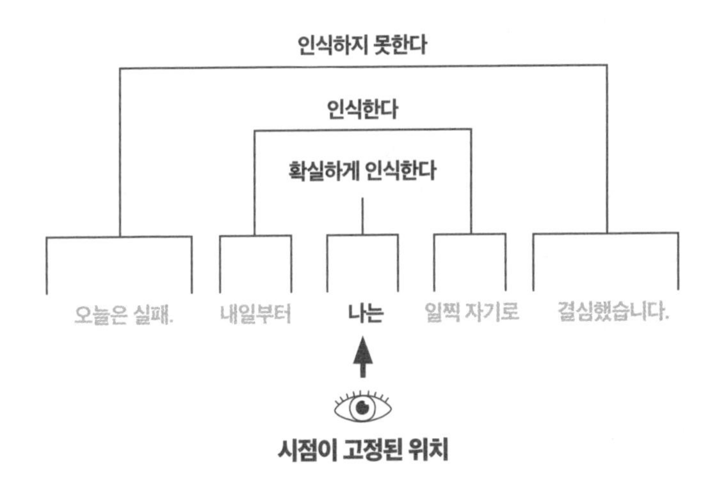

시야는 글자를 인식할 때 극단적으로 좁아집니다. 물론 사람에 따라 다르지만, 연구에 따르면 평균적으로 약 7~8글자가 인식할 수 있는 범위라고 합니다. 다시 말해, 시야를 7~8글자까지 좁히지 않으면 점과 선으로 구성된 글자를 인식하지 못한다고 할 수 있습니다. 그러면 속독 프로그램에서 '말하는 사진처럼 양면을 동시에 파악한다', '두 줄씩 읽는다' 같은 속독술은 근본적으로 '인식하지' 못하므로 속독이 불가능하다는 것을 알 수 있습니다.

글자의 시야가 좁다는 사실이 밝혀지자 '글자를 빠른 속도로 훑어서 보면 좋다'고 설명하는 속독 프로그램도 있었습니다. 그런데 빠르게 보는 데도 상한선이 있다는 사실이 연구로 또다시 밝혀집니다. 인간이 글자를 인식하려면 약 0.25~0.3초 동안 시점을 정지해서 봐야 합니다. 약 0.25~0.3초를 0에 가깝게 하려고 하면 뇌가 글자를 인식하지 못해 직전의 단어를 처리하지 못합니다. 이것은 눈으로 인식하니 어쩌니 하는 문제가 아니라, 뇌의 처리 작업 문제입니다. 글자를 인식하는 흐름은 다음과 같습니다.

① 글자를 인식한다(본다).

② 시신경에서 뇌의 시각야로 전송된다.

③ 문자 정보는 머릿속에서 음원으로 변환된다.

④ 음원을 듣고 기억 속에서 문법 요소를 탐색한다.

⑤ 언어야로 전송되어 문장이 된다.

①~⑤번의 흐름이 이어지려면 약 0.25~0.3초의 대기 시간이 반드시 필요하다는 뜻입니다. 대기 시간을 없애고 글을 훑듯이 보면 원래 문장을 인식하거나 이해하지 못합니다. 요컨대, 텍스트를 이해하는 것이 전제라면 시각 동작을 빠르게 하는 것은 불가능하다고 말할 수 있습니다. 눈(시점과 대기 시간)과 텍스트에 관한 기본적 사실을 바탕으로 하면, 속독법은 아쉽게도 대부분 '불가능하다'는 것을 알 수 있습니다.

정독할 때의 최대 속도 계산

정독이란 내용을 한 글자, 한 글자 확실하게 읽고 이해하는 것입니다. '텍스트를 인식하는 시야가 극단적으로 좁다(약 7~8글자)', '문장 인식에는 머리를 식힐 대기 시간이 필요하다(0.25~0.3초)' 이 두 가지를 토대로 하면 한 글자, 한 글자 읽을 때의 속도가 보입니다.

- 시선이 고정된 상태에서 눈이 인식하는 글자 수: 7글자
- 텍스트를 인식하는데 필요한 시간: 0.25초=1초당 4회
- 1분 동안으로 환산하면 텍스트를 인식하는 횟수는 약 240회
- 글자 수(7글자)×텍스트를 인식하는 횟수(240회)=1분당 1,680글자
- 평균적인 책 한 권의 글자 수(10만 자)÷1분당 인식하는 글자 수(1,680글자)=약 59분(1시간)

즉, 정독하는 경우에 책 읽는 속도는 한 권당 1시간 남짓입니다. 이것이 인간이 책 한 권을 읽는 데 걸리는 가장 빠른 시간이 아닐까요.

측정 시간은 일본어의 경우, 단어마다 인식할 수 있는 글자 수가 거의 7자 이하라는 가정하에 한 시간당 10만 자를 읽는다고 계산한 것입니다. 어디까지나 추정 한계치로서만 봐 주시기 바랍니다.

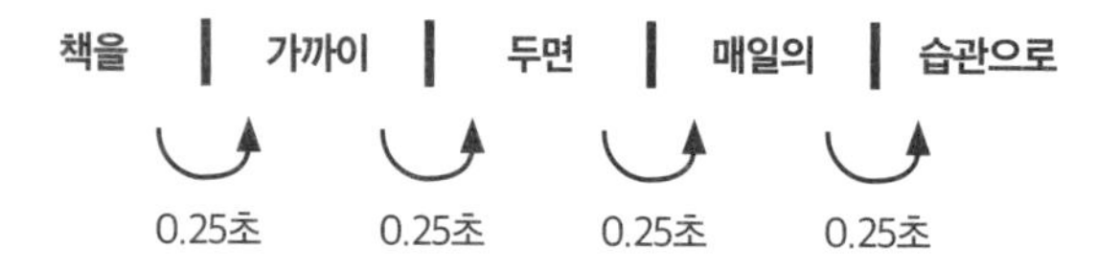

단어 처리에는 반드시 0.25~0.3초가 필요하다

여기서 하나, '이상적인 속도(분속 1,680자)'와 여러분이 현재 읽는 속도에 차이가 나는 이유는 무엇일까요? 이러한 의문을 가진 사람들을 위해 간단히 설명합니다. 이유는 두 가지입니다.

첫째는 제1장의 '이제껏 당신이 하던 책 읽기는 틀렸다'에서 설명한 대로, 독서 속도는 지식량, 어휘량, 독해력 세 가지 요소로 결정됩니다. 어떻게 해도 빨리 읽을 수 없는 책이 있습니다. 지식량과 어휘량의 차이로 독해에 시간이 걸리는 책이 있는 것입니다. 반대로 생각하면 '읽으면 읽을수록 이상적 속도에 가까워진다'고도 할 수 있겠지요. 읽은 양에 맞게 지식량, 어휘량, 독해력은 저절로 따라오기 때문입니다. 이것이 습관을 들여 독서에 익숙해지면 읽는 속도가 빨라지는 이유입니다.

둘째는 뇌 기능이 떨어지기 때문입니다. 뇌의 인지 기능은 쉽게 저하됩니다. 멀티태스킹을 하면 집중력이 떨어지고 우울 증상이 나타날 가능성이 높아집니다. 뇌 기능도 쉽게 떨어집니다. 이스트런던대학교와 웨스트민터스대학교의 공동 연구에서는 '하루에 약 0.5L의 물을 마시는 사람은 마시지 않은 사람에 비해 반응 속도가 14% 빨라지고 인지 기능이 좋아진다'고 설명합니다. 간단히 말해 수분량 하나로 뇌의 기능이 달라진다는 말입니다. 이외에도 식사 스타일과 영양소, 정기적인 운동, 수면 부족, 만성적인 스트레스 등도 뇌 기능에 크게 영향을 미치는 독서 속도 저하의 원인입니다.

단 하나의 권장 속독법

'매일 최상의 컨디션으로 독서할 수는 없다', '책 읽을 시간이 충분하지 않아 빨리 읽을 수 없다' 이런 상황이라고 해도 낙심할 필요는 없습니다. 누구나 할 수 있는 속독법이 하나 존재하니까요. 바로 '스키밍'입니다. 하루에 몇 권씩 책 읽는 사람은 스키밍, 즉 건너뛰며 책 읽습니다. 빨리 읽는 사람의 공통점은 건너뛴다는 것입니다. 단지 그것뿐입니다.

- 비스듬히 읽기
- 띄엄띄엄 읽기
- 건너뛰어 읽기

이 모두를 스키밍이라 총칭합니다. 스키밍만 잘해도 이 책이 읽어야 하는 책인지, 혹은 읽을 만한 가치가 있는 책인지

재빨리 판단할 수 있습니다. 또 알고 싶은 정보가 쓰여 있는지 한 번 쓱 읽고 판단할 수도 있고, 이미 아는 내용이면 눈으로 훑기만 하고 건너뛸 수도 있습니다. 요컨대, 속독이란 정독할 부분을 구별하기 위한 수단이라고 할 수 있습니다. 그러면 이제부터 효과적으로 스키밍 하기 위한 구체적인 방법을 설명하겠습니다.

인간은 선천적으로 속독할 수 있다

스키밍 감각을 얻으려면 일단 할 수 있다고 인지하는 것이 중요합니다. "전 스키밍 같은 거 못해요." 하는 말소리가 들리는 것 같군요. 안심하세요. 현대인의 99%는 일상에서 스키밍을 합니다. 가령 음식점에서 메뉴판을 들여다볼 때, 눈을 동그랗게 뜨고 처음부터 끝까지 순식간에 읽지 않나요? A4 사이즈 한 장의 메뉴판을 위에서 아래까지 읽잖아요? 아마 많은 사람이 굵은 글씨만 보고도 대략 메뉴의 종류를 파악할 것입니다.

인터넷 기사를 볼 때는 어떤가요? 제목만 보고 기사를 클릭하여 대충 건너뛰면서 읽지 않나요? 트위터의 타임라인도 마찬가지입니다. 올라오는 글을 읽을지 말지 순식간에 판단하지 않나요?

신문은 스키밍 요소가 더 강합니다. 평균적으로 신문지 한 면당 기재되는 글자 수는 약 1만 2,600자라고 합니다. 조간이 총 40쪽이라고 하면 약 50만 4,000자가 실린 것입니다. 비즈니스 책 다섯 권에 필적하는 정보량입니다.

매일 아침 책을 다섯 권 읽는 사람이 주변에 있다면 거짓말쟁이라고 의심하거나 신처럼 존경할 만하거나 둘 중 하나일 것입니다. 그런데 스키밍의 개념을 알면 비즈니스 책 다섯 권의 분량에 달하는 조간신문을 봤다는 말에도 납득할 수 있습니다. 한 글자, 한 글자 공들여 읽지 않아도 글을 이해할 수 있으니까요.

디지털 기기가 손에 익은 현대인에게는 읽기 위한 독서보다 찾기 위한 독서가 익숙합니다. 요컨대, 앞으로는 스키밍해서 공부한 것을 의도대로 잘 써먹을 수 있느냐가 관건인 것입니다. 스키밍을 의도대로 잘 활용하려면 준비와 의식 개혁이 필요합니다. 사실 이 책에서는 스키밍을 위한 사전 준비를 이미 설명했습니다.

- '독서를 즐기는 네 가지 관점'에서 독자 시점의 독서

- '독서는 선입견으로 하는 것이다'에서 목적의 정의
- '책 읽는 순서에 비밀이 있다'에서 선입견을 심는다.
- '20%만 읽으면 된다'에서 파레토 법칙의 활용
- '읽을 때는 두 가지만 기억하라'에서 손가락으로 짚으며 읽는 것

위 내용들을 잘 활용하면 문제없이 스키밍을 할 수 있습니다. 그러면 구체적으로 스키밍 하는 방법을 설명하겠습니다.

1. 책 읽기 전, '목적'을 정하자

무엇을 목적으로 해야 할지 모를 때는 생활에 반영해서 좀 더 생각해 보세요.

- 트위터에 올릴 정보를 찾는다.
- 내일 아침 회의 시간에 쓸 소재를 찾는다.

2. 선입견을 심는다

표지와 띠지에는 책의 요점이 실려 있습니다. 또 차례와 머리말, 맺음말을 훑어보고 '이 책은 ○○을 해설하는 책이

다'라고 스스로에게 선입견을 심습니다. 한마디로 표현할 방법이 보이지 않으면 인터넷 서점의 책소개글을 읽어 보세요. ①, ②의 단계를 밟으면 필요한 정보와 필요 없는 정보를 구별할 수 있습니다. 이 단계에서 심리학에서 말하는 '컬러배스 효과'가 작동하기 시작합니다.

컬러배스 효과란 어느 특정한 것을 의식하기 시작하면 일상 속에서도 그 특정한 것이 저절로 눈에 들어오는 현상을 말합니다. 가령 차를 사려고 할 때 도요타 세단이 사고 싶다면, 거리에 그 차만 보여서 '도요타 세단을 타는 사람이 참 많군.'이라고 느낄지도 모릅니다. 마찬가지로 '빨간 것을 찾아보자.'고 결심하고 산책에 나서면 멈춤 표시, 빨간색 차, 빨간색 모자, 소화기 등이 보일 것입니다.

책을 읽을 때 목적을 정의하고 선입견을 심으면 컬러배스 효과가 작동하여 본인이 바라는 정보가 잘 보입니다. 예를 들어, 비즈니스 책 읽을 때 '증거를 많이 보고 싶다'는 목적을 정의했다고 합시다. 그러면 쓱 훑어만 보아도 '○○대학교에서는~'이라는 문장이 눈에 들어옵니다. 차례를 보는 단계에서도 목적에 맞고 호기심이 생기는 곳이 보이면, 몇 쪽을 봐야 하는지 알 수 있습니다. 그러면 목적에 맞지 않는 부분을 건너뛸 수 있습니다.

3. 손가락을 대고 빠르게 글을 보자

만약 차례를 보고도 무엇을 읽어야 할지 감이 오지 않을 때는 첫 장부터 후루룩 넘겨봐야 합니다. 이때 손가락을 살포시 책에 댑니다. 그리고 비스듬히 짚으면서 글을 따라갑니다. 목적에 맞는 부분이 눈에 들어오면 브레이크를 걸어 읽어 나가고, 이외의 부분은 액셀을 밟듯 빠르게 건너뜁니다.

①, ②, ③번의 과정을 거치면, 최단 시간에 책의 개요를 이해하고 필요한 내용이 있는지 없는지 판단할 수 있습니다. 이것이 과학적으로 유일하게 인정받는 속독 '스키밍'입니다.

스키밍을 잘하는 방법과 주의점

스키밍 기법은 독자 시점으로만 시도할 수 있습니다. 작가나 작품 시점이라면 내용을 이해하기 위해 한 글자, 한 글자 공들여 읽어야 하니 건너뛸 수 없습니다. 그러므로 독자 시점은 여러분에게 득이 되는 독서법이라고 할 수 있습니다. 아니, 오히려 자기 자신에게 도움이 될 만한 책을 읽는 것이라서 건너뛰어도 별문제가 없다고 할 수 있습니다.

이렇게 책을 빨리 읽을 수 있는 스키밍에는 아쉽게도 큰 결점이 있습니다. 바로 필요한 부분을 찾을 수는 있어도, 제대로 이해하기는 어렵다는 점입니다. 말하자면 스키밍은 건너뛰며 읽기로, 그저 빠르게 읽는 방법일 뿐입니다. 캘리포니아대학교의 연구자들도 "속도를 올리면 읽는 기분만 들고 내용의 이해도가 떨어진다"고 했습니다. 다시 말해, 속도와 이해도는 상충 관계에 있습니다. 내용을 이해하려고 독서할 때 스키밍 하는 행위는 더없이 어리석은 짓입니다.

스키밍에 관해 알아 둘 결점이 하나 더 있습니다. 전제 지식이 필요하다는 점입니다. 가령 존 레이티(John Ratey)와 에릭 헤이거먼(Eric Hagerman)이 공동으로 쓴 《운동화 신은 뇌》에는 다음과 같은 내용이 나옵니다.

> 스트레스는 생존을 위해 중요한 기억을 뇌에 새겨 놓지만, 스트레스를 너무 많이 받으면 기억을 뇌에 새기는 구조 자체가 파괴된다. 그 중 한 요인으로 코르티솔의 증가를 들 수 있다. 스트레스를 받으면 코르티솔은 해마의 글루타민산의 수송량을 늘려서 BDNF, 세로토닌, IGF-1 등의 흐름을 늘리고 LTP를 촉진시키는데, 한편으로 일군의 유전자를 활성화시켜서 이 기억의 회로에 보내져야 할 다른 정보를 차단시킨다. 중요한 기억 하나를 새기기 위해 그에 맞

먹는 중요하지 않은 다른 기억을 배제하는 것이다.

기초 지식이 없으면 코르티솔, 해마, 글루타민산, BDNF 처럼 전문 용어가 많은 책을 전혀 이해할 수 없습니다. 책의 내용을 완벽하게 이해하는 지름길은 역시 한 글자, 한 글자 공들여 읽는 것입니다.

속독은
무기이자 수단

결론을 내리자면, "마법 같은 속독법은 없다"는 것이 진실일 것입니다. 실망스러운 대답일까요? 책을 빠르게 읽을 수 있으면 성공하는 데 큰 도움이 될 거라고 느끼던 시절이 있었습니다. 제 주변에도 분명히 '한 권을 5분 만에 읽는 사람'이 있습니다. 그런데 정말로 한 권을 5분 만에 읽고 이해한다면, 그 사람은 오래전부터 분야를 가리지 않고 시간을 들여 수만 권의 책을 읽어 왔을 터입니다.

저에게 책을 읽으라고 추천한 한 선배 경영자는 "수많은 책을 읽어야 사고의 기틀과 머릿속의 기초 정보 데이터베이스가 완성돼. 그러면 순식간에 정보 처리를 할 수 있어. 그래서 책을 빨리 읽을 수 있는 거야."라고 말했습니다.

스키밍은 마음만 먹으면 누구나 활용할 수 있는 편리한 기술입니다. 나아가 스키밍을 포함, 책 읽는 속도는 읽으면 읽을수록 빨라집니다. 스키밍을 수단으로 활용하여 독서 능력을 길러 봅시다.

책 읽을 때, "여기를 기억해 놓고 싶어!"라고 느끼면 눈을 감고 '유성 펜으로 머릿속 노트에 적는 상상'을 해 보는 것도 추천합니다. 저는 3년 동안 쭉 계속해 왔는데……, 놀라울 정도로 뇌리에 잘 박히더군요. 과학적 근거는 눈곱만큼도 없지만, 제 추천은 마커입니다. 지우개가 멋대로 지워 대는 머릿속에서도 마커는 지워지지 않을 것입니다.

책을 읽기 전에 한 가지만 유념해 주세요. 우리의 뇌는 '올바른 지식'보다 '쓸모 있는 지식'을 기억하는 버릇이 있습니다. 훌륭한 지식보다 필요한 지식을 기억하는 구조지요. 책을 읽을 때 이러한 뇌의 구조를 응용하면 지금 읽어야 할 책과 읽지 않아도 되는 책을 구분할 수 있습니다. 지금 알고 싶은 지식이 나올 때까지 '책을 계속 덮고 있는' 것도 독서의 일환이지요.

누구나 아는 '토끼와 거북이' 우화는 나라마다 해석이 다릅니다. 일본에서는 '노력은 재능을 이긴다', 프랑스에서는 '출발을 빨리하자', 이란에서는 '경쟁하기보다 사이좋게 지내자' 라고 해석합니다. 해석이 제일 끌리는 나라는 인도입니다. '토끼가 병에 걸려 쓰러지면 어떡하나. 이기는 것보다 더 중요한 것이 있다'. 이것이 가치관의 차이일 것입니다.

1%의 마법

'1%'에는 마법이 담겨 있습니다. 시간의 마법, 인지의 마법, 축적의 마법이지요. 저는 1%에 매료되어 10년이 넘게 꾸준히 독서할 수 있었습니다. 공부를 싫어하던 저에게 독서 습관은 사회인 공부라고도 할 수 있을 만큼 다양한 분야에서 응용돼 왔습니다. 형편없던 글 솜씨를 남들만큼 끌어올린 것도 1%의 습관입니다. 회사원 시절에는 긴장해서 하지 못한 프레젠테이션이나 스피치, 그것을 매일 아침 보이시에 올릴 수 있는 수준이 된 것도 1%의 습관이었습니다.

초조해하지 말고 조금씩 확실하게, 한 발 한 발 조금씩 나아가며 얻은 것이 학력의 벽을 넘어 지금의 저를 든든히 받쳐 주고 있습니다. 돌이켜 생각해 보면 스물한 살의 저는 하고 싶은 것이 있었습니다. "책과 관련된 일하고 싶다." 책을 진심으로 좋아해서 일할 때도 책을 접하며 일하고 싶었습니다. 생각한 선택지는 세 가지였습니다.

- 소설이나 비즈니스 책을 써서 선생님이 되자.
- 서점에서 일하며 매일 신간을 접하자.
- 출판사에서 일하며 책을 만드는 사람이 되자.

스무 곳이 넘는 곳에 이력서를 넣었지만 서류 전형에서 떨어졌고, 책을 쓰려고 했지만 글이 너무 형편없었습니다. 제 꿈은 한 달 만에 깨졌습니다. 시간은 흘러 2년 전, 저는 SNS을 시작했습니다. 140자로 글을 올리는 트위터입니다. SNS에서 글을 올리기 시작하고 저의 글 솜씨가 형편없다는 것이 생각났습니다. 초등학생 시절에 쓴 첫 독서 감상문, 새하얀 원고 용지에 '피터팬처럼 하늘을 날고 싶습니다'라고 14자만 달랑 써서 제출했다 야단맞은 기억이 났습니다.

언제나 글은 저의 천적이었습니다. 그런데 형편없는 글도

10년간 독서를 계속하자 변화하기 시작했습니다. 8년 전 가장 무리라고 느꼈던 것이 책과 관련된 일을 하고 싶다는 것이었습니다. 하지만 지금 저는 그 무모한 꿈을 이루어 작가가 되었습니다. 왜냐하면 이제 공부하는 방법을 알고, 개선의 중요성을 깨달았으며, 지식 축적의 중요성을 이해했기 때문입니다.

어릴 때의 저는 공부가 너무 싫었습니다. 귀차니스트에 성실치 못한 성격이고, "이래서 중졸은……."이라는 말도 얼마나 많이 들었는지 모릅니다. 그래도 버리지 않았던 그 꿈을 독서로 이루었습니다.

트위터와 보이시 등 SNS로 "마그 씨의 책이 읽고 싶다"고 등을 떠밀어 주신 분들, 이 책과 관련된 모든 분, 그리고 이 책을 손에 쥔 여러분. 다들 진심으로 감사드립니다. 저는 앞으로도 책을 읽고, 많은 사람이 볼 수 있도록 꾸준히 글을 올리겠습니다. 저처럼 '책을 읽어서 다행이다', '책을 좋아하게 되어서 다행이다', '책으로 꿈을 이룰 수 있어 다행이다'라고 생각하게 되길 바라겠습니다.

'들어가며'에서도 했던 말이지만, 마지막이니 한 번 더 하겠습니다. "책에는 인간을 바꾸는 힘이 있습니다."

무일푼 청년을 억대 연봉 CEO로 만든 성공 독서법

석세스 리딩

인쇄일 2023년 6월 20일
발행일 2023년 7월 4일

지은이 가와기시 고지
옮긴이 전소미
펴낸이 유경민 노종한
책임편집 김세민
기획편집 유노책주 김세민 이지윤 **유노북스** 이현정 함초원 조혜진 **유노라이프** 박지혜
기획마케팅 1팀 우현권 **2팀** 정세림 유현재 정혜윤 김승혜
디자인 남다희 홍진기
기획관리 차은영
펴낸곳 유노콘텐츠그룹 주식회사
법인등록번호 110111-8138128
주소 서울시 마포구 월드컵로20길 5, 4층
전화 02-323-7763 **팩스** 02-323-7764 **이메일** info@uknowbooks.com

ISBN 979-11-92300-70-2 (03190)

- — 책값은 책 뒤표지에 있습니다.
- — 잘못된 책은 구입한 곳에서 환불 또는 교환하실 수 있습니다.
- — 유노북스, 유노라이프, 유노책주는 유노콘텐츠그룹의 출판 브랜드입니다.